KB242889

회재 이언적의
경학사상

회재 이언적의 경학사상

晦齋 李彦迪의 經學思想

조창열 著

KSI 한국학술정보㈜

目　次

Ⅰ. 序 論

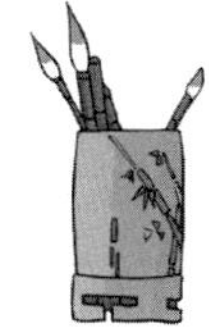

1. 研究의 目的과 意義

朝鮮儒學史에서 16世紀는 커다란 의미를 갖는다. 1392년 朝鮮 왕조의 건국 이래 국가 사회의 지도이념이었던 宋代의 朱子學이 한국적 철학으로서 獨自性을 갖는 이론적 심화가 이루어졌던 時期이기 때문이다. 이 時期에 그 주역을 담당한 인물이 바로 晦齋 李彦迪이다. 晦齋는 『大學』과 『中庸』을 통하여 經典註釋을 再檢討하였으며, 16世紀 士林派의 代表的인 人物로서 至治主義의 이론적 체계를 확립시킨 최초의 학자라고 할 수 있다. 또한 그는 孔孟의 先秦儒學을 繼承한 士林의 學者로서 그 학문을 深化發展시켰을 뿐 아니라 曹漢輔와의 無極太極論辯을 通하여 朱子學의 形而上學的 理論을 연구한 朝鮮性理學의 先驅者라 할 수 있다. 晦齋는 中宗 9年(1514) 文科에 及第한 후 司憲府 持平을 거쳐 司諫에 임명되었다. 그러나 이때 金安老의 재등용을 반대하다가 관직에서 물러났으며, 金安老 死後에 다시 관직에 나아가 弘文館 부교리를 거쳐 直提學에 이르렀다. 金

安老 死後 재등용되어 中宗 말년에 이르기까지 20여 년간은 그의 생애 중 가장 활발한 정치활동을 펼친 시기였다. 그러나 乙巳士禍의 여파인 良才驛 壁書事件에 연루되어 江界에 유배된 뒤부터는 저술 활동에만 주력하다가 그곳에서 一生을 마쳤다.

晩年에 江界 유배지에서 平生을 닦아온 학문을 글로 남겼다. 특히 『大學』과 『中庸』은 '修己治人'에 대한 理論을 體系的으로 진술하고 있다고 생각하여 『大學章句補遺』·『續大學或問』 그리고 『中庸九經衍義』를 저술하였다. 朝鮮王朝가 儒教를 國家 統治理念으로 내세우고서도 그 統治理念이 국가 사회에 제대로 실행되지 않아 國政運營의 主導權 爭奪과 腐敗와 社會的 불안을 초래했다고 판단하고 理念實現의 구체적 대안으로 『大學』과 『中庸』에 담긴 治道理論을 君王에게 제시하려고 하였다.

晦齋는 『大學』과 『中庸』의 관계에 대해서 『大學』의 '八條目'과 『中庸』의 '九經'을 다른 朱子學者와 마찬가지로 相互 補完 또는 表裏 관계로 보면서도 그 기본적인 차이에 대하여 『大學』의 書는 학자에게 修己治人의 道를 가르친 까닭으로 進德修業의 공부에는 상세하여도 爲治하는 條目에는 간략하다고 생각하였다. 그리고 『中庸』의 九經은 君主에게 統治하는 道를 제시한 까닭으로 經世의 條目에는 상세하여도 修己의 공부에는 간략하다[1]고 판단하였다. 다시 말하면 『大學』은 君主의 修己之學을 밝히는 經典이며, 『中庸』은 특히 二十章의 九經을 君主의 仁政을 펼치는 爲治之學으로 이해하였다. 여기에서 『中庸』을 理想政治를 펼칠 수 있는 爲治之書로 이해

---

1) 『中庸九經衍義』 序文, "竊謂大學之道 教學者 以修己治人之道 故詳於進修之功 而略於爲治之目 中庸之九經告人君以爲政之道 故詳於經世之目 而略於修己之功"

한 것은 무엇보다도 經世의 理致가 소상하게 담겨 있다고 파악했기 때문이다.

本 論文에서는 晦齋의『大學』과『中庸』 註釋에 대한 檢討를 통하여 朝鮮朝 性理學의 發展過程에서 晦齋의 思想史的 位置를 밝혀 보고자 한다. 특히 晦齋의『大學章句補遺』와『續大學或問』은『大學』에 대한 그의 見解를 가장 잘 알 수 있는 자료이며,『中庸九經衍義』는『中庸』을 帝王・爲治之學으로 파악한 資料로서 晦齋의 經學思想의 위치가 잘 드러나 있다. 이와 같은『大學』과『中庸』을 君主의 '修己之學', '爲治之學'으로 파악한 晦齋의 새로운 시각은 帝王學・聖學으로 발전되어 退溪의『聖學十圖』와 栗谷의『聖學輯要』의 형성에도 중요한 影響을 미쳤다. 따라서 晦齋의『大學』과『中庸』 註釋에 나타난 經學思想을 살펴보고 나아가 經學史的 位置와 意義를 살피는 것은 매우 중요하다고 하겠다.

2. 旣存硏究에 대한 檢討

晦齋 李彦迪에 관한 硏究는 1970년대에 들어오면서 시작되었다. 晦齋의 역사적 위치에 대한 관심을 불러일으킨 것은 李佑成의「晦齋 先生의 歷史的 位置와 그 經世思想」(1973)이다. 李佑成은 이 논문에서 "인간 속에 내재하고 있는 天으로서의 가치창조의 의지를 지닌 心을 바로잡고 本末終始의 當然之理에 따라 實踐해 나감으로써 民心을 本으로 한 道德政治를 추구하려는 당시의 士林派들의 理念을 반영한 것"2)이라고 주장하였다. 또 李相殷은「晦齋先生의 哲學思想」(1974)에서 晦齋의 哲學을 實踐的 性理學으로 규정하고 "人

事에서 道를 구함이 晦齋의 哲學인바, 이는 상식의 世界, 經驗의 세계를 존중하는 原始儒敎的 색채를 新儒學인 道學에서 살피려고 했다."3)고 하였다. 이로써 晦齋 哲學의 硏究에 대한 哲學的 探究가 본격적으로 이루어지기 시작하였다. 1970년대 李佑成, 李相殷의 연구에 뒤이어 劉明鍾, 金忠烈의 연구가 있었다. 劉明鍾은 「李彦迪의 哲學思想」(1977)에서 "晦齋哲學이 朝鮮前期의 節義派를 중심으로 한 義理精神을 이어받아 中宗朝 士林들에 의해 확산된 것"4)임을 지적하였고, 金忠烈은 「李彦迪의 철학사상 논평」(1977)에서 "조선조 초기에 인식된 주자학에 의한 가치인식의 문제가 退·栗을 중심으로 한 理發·氣發의 爭論으로 발전하는 關節的 位置를 晦齋哲學이 담당하고 있다."5)고 지적하였다.

1970년대의 晦齋에 대한 硏究를 檢討해 볼 때, 李佑成의 연구는 역사적 맥락에서 晦齋哲學이 지닌 위치를 명확히 해 주었고, 李相殷의 연구에서는 晦齋 철학을 實踐的 관점에서 조선 중기의 실천유학과 맥을 같이한 점을 시사한 바 있어 연구의 독창적인 관점이 두드러진다. 劉明鍾과 金忠烈의 硏究에서 時代思潮와 價値를 결부시켰다는 점이 또한 硏究의 成果라고 볼 수 있다.

1980년대에는 金敎斌의 「晦齋哲學思想 硏究」(1983)를 제외하고는

---

2) 李佑成, 「晦齋先生의 歷史的 位置와 그 經世思想」(『晦齋全書 解題』, 成均館大 大東文化硏究院, 1973) 參照.

3) 李相殷, 「晦齋先生의 哲學思想」(『國譯晦齋全書』, 默民回甲記念事業會, 1974) 參照.

4) 劉明鍾, 「李晦齋의 哲學思想」(『韓國哲學硏究』中卷, 韓國哲學會, 1977) 參照.

5) 金忠烈, 「李彦迪의 哲學思想 論評」(『韓國哲學硏究』中卷, 韓國哲學會, 1977) 參照.

거의 없고, 1990년대에 들어와 晦齋에 대한 硏究가 활발하게 이루어
졌다. 1980년대 이후의 硏究는 대체로 晦齋의 哲學思想에 관한 硏究
가 주조를 이루고 있었으며 그 哲學思想 중에 經學思想이 포함되어
있음을 확인할 수 있다.

金敎斌은 "晦齋는 忘機堂과의 논변을 통해 태극을 理로, 天命을
性으로 보아 인간 본연의 가치 창출의 의지를 확신시켜 주었고 理
의 초월성을 객관적으로 잘 드러내어 가치철학을 정립하였다."고 하
였고, "晦齋 철학의 이러한 핵심을 현대 사회에서 일어나고 있는
인간 소외의 극복"에 적용하고자 하는 의도6)를 보여주었다. 尹絲淳
은 "晦齋의 철학이 朱子 편향성을 가졌고, 四書三經에 심취해 있는
晦齋의 학문적 경향이 철학사상의 주조를 이루고 있음"7)을 지적하
였다. 李源鈞은 晦齋의 경학사상에 대하여 "帝王의 學"으로서의 특
색을 지녔음을 지적하고 "晦齋가 民의 生業安定을 강조한 것은 당
시의 民의 동향과 그 存在에 대해 특별한 관심을 갖고 民에 대한
인식을 새롭게 했다."8)고 하여 그의 사상을 높이 평가했다. 또한
李麓衡은 「晦齋의 經學思想 硏究」에서 "晦齋의 經學思想은 朱子學
을 바탕으로 한 性理學的인 經傳의 範疇 속에서 이루어진 것이지만,
性理學의 사변적인 理論보다 당면한 現實과 관련하여 어떻게 하면
朱子學的인 理念하에 '修齊治平'의 생활화가 이루어지는 왕조사회를
건설하려는 데 主眼點을 두고 展開되는 經世論 중심의 經學思想이

---

6) 金敎斌, 「晦齋 哲學의 特性에 대하여」(『晦齋 李彦迪의 哲學과 政治思想』,
   默民記念事業會, 博英社, 2000) 參照.

7) 尹絲淳, 「晦齋의 仁思想」(『晦齋의 思想과 世界』, 成均館大 大東文化硏
   究院, 成均館大出版部, 1992) 參照.

8) 李源均, 「李晦齋와 그 政治思想」(『晦齋 李彦迪의 哲學과 政治思想』, 默
   民記念事業會, 博英社, 2000) 參照.

그 特徵이라"9)고 했다.

　以上에서 晦齋 李彦迪에 관한 旣存研究를 檢討해 볼 때, 晦齋의 학문과 사상, 그리고 역사적 위치에 관한 研究는 비교적 활발하게 이루어지고 있음을 볼 수 있으나, 經學思想에 대한 研究는 활발하지 못했음을 알 수 있다. 1990년대의 晦齋의 研究도 李源均, 李簾衡 등 한 두 편의 논문을 제외하면 모두 朱子學 체계 안에서 이론적 관점을 研究한 것이라고 볼 수 있다. 晦齋의 經學思想에 관한 研究는 앞으로 보다 具體的인 資料와 方法이 요청되며 經典註釋에 대하여 具體的으로 研究되어야 할 필요성이 있다.

3. 研究의 範圍와 方向

　經學은 經傳에 내재된 根本思想을 살피는 학문이다. 따라서 經傳과 註釋은 儒學의 根源的 思想과 그 전개를 가장 효율적으로 파악할 수 있는 자료이다. 그러므로 經傳의 註釋은 어떤 관점에서 解說하고 註釋했는가 하는 문제는 시대와 역사의 변화와 긴밀한 관계가 있다.

　漢代 經學의 발달은 크게 今文經學과 古文經學으로 나눌 수 있다. 오로지 微言大義만을 밝히려는 데 전념한 今文學과 대체로 章句의 訓詁를 상세히 하는 데 힘쓴 古文學의 論爭으로 발전하였고, 六朝時代를 거쳐 隋·唐에 와서는 經書의 本旨에 관한 체계적 이해를 위한 義疏學에서 本旨 해명을 위한 기술적 문제가 제기되어 古註에

---

9) 李簾衡, 「晦齋의 經學思想 研究」(『晦齋의 思想과 世界』 성균관대 대동
　　문화연구원, 1992) 參照.

대한 註疏를 통하여 내용의 뜻을 파악하였다. 宋代에 이르러 儒學은 漢·唐의 訓詁나 義疏의 전통과는 달리 傳注를 배격하고 經文에서 직접 義理를 찾는 연구 작업이 시작되었다.

우리나라 經學은 高麗末 宋代 朱子學을 수용하여 토착화하였으므로 주자학적 관점을 크게 벗어나지 않으나 性理學의 要諦와 規模를 어떻게 바르게 파악할 수 있느냐가 매우 중요한 관건이다.

晦齋의 經學思想도 宋代 朱子學을 토대로 이루어진 것으로 다른 朱子學者와는 달리 獨創的인 면을 내포하고 있다. 晦齋의 『大學章句補遺』는 朱子의 『大學章句』를 자기관점에서 編次를 재개정한 것이며, 晦齋의 經學의 獨創性은 바로 이 『大學章句補遺』에 있다고 하여도 過言이 아니다. 晦齋는 특히 자신의 견해와 일치하지 않는 어떤 것도, 설사 그것이 朱子의 學說이라고 하여도 절대로 취하지 아니하였다. 『大學章句補遺』는 晦齋의 관점에서 독창적인 안목으로 編次를 개정하고, 새로운 해석을 加한 것이다. 晦齋의 이러한 특징은 朝鮮前期에 朱子學을 收容하면서 朱子學을 주체적으로 이해하고 그의 創意性을 발휘한 업적이라 할 수 있다. 또한 『中庸九經衍義』는 『中庸』을 帝王·爲治之學으로 파악한 資料로서 晦齋의 經學思想의 위치가 잘 드러나 있다.

따라서 本 論文에서는 『大學章句補遺』, 『續大學或問』, 『中庸九經衍義』를 중심으로 朱子의 『大學』과 『中庸』 註釋과 比較하여 晦齋의 經學思想을 考察하고 經學史的 位置 및 意義를 糾明하고자 한다. 따라서 Ⅱ장 生涯와 時代的 背景에서는 晦齋의 學問과 思想, 時代的 背景과 現實認識을 살펴보았다. Ⅲ장 『大學』 註釋에 대한 比較 考察에서는 朱子의 『大學』 改訂과 解釋의 입장을 밝히고 晦齋의 『大學章句補遺』를 分析하여 『大學』 註釋의 특징을 비교 고찰

하였다. Ⅳ장 『中庸』 註釋에 대한 比較 考察에서는 『中庸』의 成立과 特徵, 漢·唐 儒家와 朱子의 『中庸』 解釋의 입장을 밝히고 晦齋의 『中庸九經衍義』를 分析하여 『中庸』 註釋의 특징을 비교 고찰하였다. Ⅴ장 經學史的 意義에서는 後代의 評價와 晦齋의 『大學』과 『中庸』 註釋의 特徵을 살펴봄으로써 晦齋의 經學史的 意義를 考察해 보고자 한다.

Ⅱ. 生涯와 時代的 背景

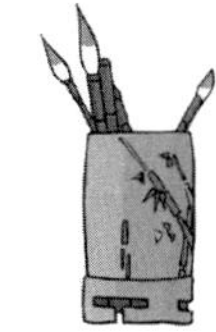

1. 生涯와 思想

1) 生涯와 著述

李彦迪의 字는 復古요 號는 晦齋 혹은 紫溪翁이며, 諡號는 文元이다. 1491년(성종 22) 慶州 良佐村(現 慶北 慶州郡 江東面 良洞里)에서 아버지 成均生員 蕃과 어머니 孫氏 부인 사이에서 태어났다. 10세에 아버지를 여의고, 어려운 環境 속에서 자랐다. 12세에 이르러 佔畢齋의 門人이었던 外叔 孫仲暾을 따라 梁山·金海·尙州 등지에 다니면서 수학하였다.

그는 14세 때 聖賢의 學에 뜻을 두고 스스로 發憤力學하여 儒敎의 윤리 도덕과 聖賢의 가르침을 實踐躬行하는 데 힘을 쏟았다. 그가 청년시절에 지은 『篤志箴』에서 말하기를 "學問을 하여 聖人이 되기를 바라지 못한다면 스스로 廢工하는 것이니 옛날 사람을 스승으로 삼아, 죽은 뒤에라야 工夫를 그치겠다."[10]라 하여 기필코 聖賢

이 되고야 말겠다는 靑年學徒로서의 패기만만한 氣槪가 넘쳐흘렀다.

　1513년(중종 8) 23세 때에는 마침내 공부한 보람이 있어 生貝試에 합격하였고, 이어 이듬해에 있었던 文科 別試에 及第하여 관직 생활을 시작하였다. 사헌부 지평·장령·밀양부사 등을 거쳐 1530년(중종 25) 사간원 사간에 임명되었는데, 1531년(중종 26) 41세 때 金安老의 再登用을 반대하다가 관직에서 쫓겨나 귀향한 후 紫玉山에 獨樂堂을 짓고 학문에 열중하였다. 1537년(중종 32년) 47세 되던 해 金安老가 죽자 다시 관직에 나아가 홍문관 부교리·응교를 거쳐 이듬해에는 直提學에 임명되었다가 全州府尹이 되었다. 이 무렵『一綱十目疏』를 올려 올바른 政治의 道理를 論하였다. 그 후 성균관대사성·사헌부대사헌·홍문관부제학을 거쳐 1542년 이조·형조·예조 판서에 임명되었는데, 노모 봉양을 이유로 자주 사직을 하거나 外職으로 보내줄 것을 요청하여 안동부사·경상도관찰사에 임명되었다. 1544년 무렵부터 병이 생겨 거듭되는 관직 임명을 사양하였는데, 仁宗이 즉위한 다음해(1545년)에 의정부 우찬성·좌찬성에 임명되었다. 그해 仁宗이 죽고 明宗이 즉위하자 尹元衡 등이 士林을 축출하기 위해 乙巳士禍를 일으켰는데, 이때 의금부판사에 임명되어 형벌에 관한 일에 참여했으나 곧 관직에서 물러났다. 1547년(明宗 2)에 京畿道 良才驛에 '女主(문정왕후를 뜻함)가 위에서 권세를 잡고, 간사한 李芑가 밑에서 弄權하니 나라가 망할 것은 가히 서서 기다릴 수 있다.'라는 壁書가 붙여진 사건이 있자, 李芑·鄭明順 등은 '이 같은 일은 乙巳獄의 뿌리가 아직도 남아 있는 증거'라 하여, 士林派들을 또 다시 처형하였는데 거기에 연루되어 마침내 윤9월에

---

10)『晦齋先生文集』篤志箴, "學不希聖 是謂自畫……我師古人 死而後已"

平安道 江界에 유배되어 그곳에서 1553년(명종 8)에 일생을 마치니 향년 63세이었다. 부인은 朴崇阜의 딸로 슬하에 자식이 없어 從弟 李通의 아들인 李應仁으로 양자를 삼았으며, 서자로는 李全仁이 있다. 1566년 李全仁은 『進修八規』의 上疏를 올렸는데, 이는 晦齋가 죽기 전에 작성해 놓은 것으로서, 임금의 학문에 필요한 『進德修業』의 8가지 條目을 열거한 것이다. 이는 朝鮮의 儒學이 나아가야 할 방향을 제시함으로써 性理學의 정립에 선구적인 역할을 하였다.

27세 때 영남지방의 선배학자인 孫叔暾과 曺漢輔 사이에 벌어진 「無極太極」논쟁에 참여하여, 主理的 觀點에서 이들의 견해를 모두 비판하였다. 氣보다 理를 중시하는 主理的 性理說은 다음 세대인 李滉에게 계승되어 영남학파의 理論的 기반이 되었을 뿐만 아니라, 조선 性理學의 한 특징을 이루게 되었다. 그리고 49세 때 올린 『一綱十目疏』는 晦齋의 정치사상을 대표하는 것으로서, 金安老 등 勳臣들의 잘못에 휘말린 中宗에 대한 비판의 뜻을 담고 있는 글이다. 왕정에서 가장 중요한 것은 [一綱] 왕의 마음가짐이라고 주장하고, 그것을 바로 하기 위한 수단으로 열 가지 조목[十目]을 열거하였다.

金安老 死後 그는 再登用되어 中宗의 신임을 받으며 정치일선에 복귀하는데, 이때부터 中宗 말년까지 약 20년간 그는 생애 중 가장 활발한 정치활동을 펴 나간 時期이면서 동시에 學問의 現實化를 이룬 시기였다. 그러나 乙巳士禍의 여파인 良才驛 壁書事件에 연루되어 平安道 江界에 유배되어 그곳에서 平生을 닦아온 공부를 글로서 남김으로써 빛을 발하게 된다. 그의 著述은 『大學章句補遺』·『續大學或問』(1549)·『求仁錄』(1550)·『奉先雜儀』(1550)·『中庸九經衍義』(1553) 등이 있다.

『求仁錄』은 유학의 근본 개념인 '仁'에 대한 집중적인 관심을 나타낸 것이며, 『奉先雜儀』는 祭禮에 관한 책으로서 주자가례를 중심으로 여러 학자들의 禮說을 모아 당시 실정에 맞도록 편집한 것이다. 『大學章句補遺』와 『續大學或問』은 『大學』에 대한 晦齋의 독창적인 견해를 보여주는 책으로 朱子의 『大學章句』나 『大學或問』을 보완하려는 의도를 담고 있다. 특히 朱子가 『大學章句』에서 제시한 체제를 그대로 따르지 않고 자기 나름대로의 學說을 제시하여 이를 개편하려고 한 시도는 그 이후의 學者들에 비해 독자적이고 자율적인 學問을 보여주고 있는 것이다. 『中庸九經衍義』는 眞德秀가 『大學衍義』를 저술하여 政治의 도리를 밝혔지만 帝王學으로서는 부족한 점이 있어 이를 中庸의 九經으로 補完하려는 의도에서 쓰였다. 완성을 보지 못한 책이지만 晦齋는 여기에서 정치에 있어서 가장 중요한 것은 王의 마음이며 王은 天道를 체득하여 配天·敬天해야 한다고 主張하였다. 1569년(선조 2)에는 文元의 諡號를 내리고 明宗의 廟庭에 配享되었고, 1573년에는 경주의 玉山書院의 賜額이 있었으며 1610년(광해군 2) 寒暄堂 金宏弼·一蠹 鄭汝昌·靜菴 趙光祖·退溪 李滉과 함께 東方五賢으로 文廟에 종사되었다. 晦齋의 주요저술 원본은 '李彦迪 수필고본일괄'이라고 하여 보물 제586호로 지정되어 獨樂堂과 玉山書院에 보관되어 있으며, 다른 글들은 문집인 『晦齋集』에 실려 있다.

2) 學問과 思想

위에서 살펴본 바와 같이 27세 때 忘機堂과의 太極論辨과 47세 때 中宗에게 올린 『一綱十目疏』와 江界에서 평생을 닦아온 學問을 著述로 남긴 『大學章句補遺』, 『續大學或問』, 『奉先雜儀』, 『求仁錄』,

『進修八規』, 『中庸九經衍義』 등이 있다. 이 著述을 중심으로 晦齋의 사상을 太極觀과 經世觀 두 가지로 나누어 살펴보고자 한다.

(1) 太極觀

晦齋는 朱子學의 바탕 아래 철저하게 異端을 배척하고 太極一理를 定立시켰다. 그리고 그는 主理철학의 입장에서 太極論을 그의 宇宙說로 정립하여 理를 만물생성의 궁극적 實在로 간주하였다. 현상세계의 배후에 온갖 사물의 존재 및 생성 근거가 되는 하나의 形而上學的인 실재로서 太極을 인정하였던 것이다.

그의 太極論은 그의 나이 27, 8세 때의 忘齋 孫叔敦과 忘機堂 曺漢輔와 나눈 論爭을 보고 그가 忘機堂에게 보낸 「書忘齋忘機堂無極太極說後」와 네 편의 「答忘機堂書」에 자세히 드러나 있다. 그는 忘機堂 曺漢輔의 太極之體가 本來寂滅하다는 주장이 人倫을 해치는 佛敎的 입장이라고 판단하여 배척하고 있다.

忘機堂이 '太極'이 바로 '無極'이며 그 本質은 寂滅한 것이므로 眞實在는 虛無하다고 주장한 말을 反駁하여 '無極太極'은 다만 世界 최초의 根源으로서 '道'의 作用만을 形容한 데 不過한 것이며, 비록 그 '道'가 形象이 없고 소리나 냄새도 나지 않는 것이라 하여 實在하는 것은 틀림없기 때문에 '無'는 결코 아니라고 하였다. 이에 대하여 忘機堂의 '寂'이라고 하는 表現만은 正當하다고 보았으나 '滅'이나 '空'을 또 내세운다면 그것은 '道'의 實在性까지도 否定하는 것이 되므로 容認할 수 없다고 批判하였다. 그리고 太極의 실재성을 강조하여,

　　　上天의 일은 소리도 냄새도 없으므로 寂이라는 것은 옳다. 그러
　　나 至寂한 가운데 이른바 深遠하여 그치지 않는 것이 있어서 化育

流行하여 上下에 밝게 드러나기 때문에 어찌 寂字 아래에 滅字를 붙여 쓸 수 있겠는가.[11)]

라고 하였다. 여기서 晦齋는 上天의 太極은 至寂한 가운데 化育流行하는 실제가 있음을 주장하고 있다. 그리고

이른바 靈源이라고 하는 것은 氣이니 이것을 理라고 말할 수는 없다. 至無한 가운데 至有가 있으므로 無極而太極이라고 하며, 理가 있은 후에 氣가 있으므로 太極이 陰陽을 生한다. 그리하여 理가 비록 氣와 분리되지 않았으나 實은 역시 氣에 섞이지 않음을 말한 것이니 어찌 반드시 靈源의 獨立을 본 연후에야 비로소 理가 無가 아님을 말할 수 있겠는가. 솔개가 하늘을 날고 물고기가 못에서 뛰노라 하였으니 上下에 밝게 드러나 古今에 通하도록 宇宙에 充滿하여 조금도 텅 빈 것이 없으며, 한순간도 끊어짐이 없으니 어찌 다만 萬化가 漸盡해 가는 것만을 보고서 이 太極의 體를 가리켜 寂滅이라고 할 수가 있겠는가.[12)]

라고 하여 이 至虛하면서도 至寂한 가운데 이 理致가 渾然히 갖추어 있지 않은 바가 없으므로 感하여 마침내 天下의 萬物에 모두 通하는 것이 된다고 하였다. 만일 여기서 寂하고 滅한다면 이는 마치 寂然한 木石과 같을 따름이니 그 天下의 大本이 되는 所以가 없다

---

11) 『晦齋先生文集』 雜著「書忘齋忘機堂無極太極說後」, "上天之載　無聲無臭　謂之寂可矣　然其至寂之中　有所謂於穆不已者存焉　而化育流行　上下昭著　安得更着減字於寂字之下"

12) 『晦齋先生文集』 雜著「答忘機堂　第一書」, "所謂靈源者氣也　非可以語理也　至無之中　至有存焉　故曰　無極而太極　有理而後有氣　故曰　太極生兩儀　然則理雖不離於氣　而實亦不雜於氣　而言何必見靈源之獨立　然後始可以言此理之不無乎　鳶飛魚躍　昭著上下　亘古亘今　充塞宇宙　無一毫之空闕　無一息之間斷　豈可但見萬化之漸盡　而遂指此極之體　爲寂滅乎"

고 하여 ‘無極’을 한갓 空虛한 것이라고만 보는 忘機堂의 解釋을 極力 反對하였다. 晦齋는 太極이 萬物의 根源임을 밝혀 말하기를,

> 無極而太極이라고 말한 뜻은 道가 萬物이 있기 이전에 存在하여 참으로 萬物의 根源이 된다는 것을 形容한 것이다.[13]

라고 하였다. ‘無極而太極’이라는 말이 세계의 근원으로서의 道를 말한 것으로서 實在性을 지니고 있는 것이며 이를 ‘寂滅’로 본다면 道의 實在性까지를 부인하게 된다는 것이다. 晦齋는 다시 忘機堂에게 答한 ‘第一書’에서 ‘太極’의 槪念에 관하여 詳論하기를,

> 이른바 太極이란 것은 斯道의 本體요, 萬化의 領要이니 子思의 이른바 天命의 性이다. 대개 沖漠하여 형적이 없는 가운데 萬象이 森然하게 갖추어져서 하늘이 덮여 있는 所以이며, 땅이 실어 있는 所以이며, 日月이 비치는 所以이며, 귀신이 幽하는 所以이며, 바람과 우뢰가 움직이는 所以이며, 江河가 흐르는 所以이며, 性命이 바르게 되는 所以이며, 倫理가 드러나는 所以이어서 本末上下가 한 이치에 관통하였으니 실제로 그러하지 않음이 없으며 바꿀 수 없는 것이다.[14]

라고 하였다. 그리고

---

13) 『晦齋先生文集』 雜著 「書忘齋忘機堂無極太極說後」, “夫所謂無極而太極 云者 所以形容此道之未始有物 而實爲萬物之根柢也”

14) 『晦齋先生文集』 雜著 「答忘機堂 第一書」, “夫所謂太極者 乃斯道之本體 萬化之領要而子思所謂天命之性者也 蓋其沖漠無朕之中萬象森然已具 天之所以覆 地之所以載 日月之所以照 鬼神之所以幽 風雷之所以變 江河之所以流 性命之所以正 倫理之所以著 本末上下貫乎一理 無非實然而不可易者也”

　　周濂溪가 이것을 가리켜서 無極이라고 말한 까닭은 진정 太極에
는 方所가 없고 形狀이 없기 때문이다. 萬物이 존재하기 이전에도
그것이 있고, 萬物이 生成된 이후로 그것이 현묘하지 않은 적이 없
으며, 陰陽의 밖에 그것이 있으되 일찍이 陰陽이 드러날 적에 행하
지 않은 적이 없었으며 전체에 관통하여 여기에 없으면, 곧 소리도
없고 냄새도 없고 영향도 없다고 말할 수 있다. 그것은 또한 老子
의 이른바 無에서 나와 有로 들어간다는 說이라든가 佛家에서의
空과도 다른 것이다.15)

라고 하여 '無極'이라는 概念에 내재하는 의미를 정확히 밝히고 있
으며 事物의 실체에 대한 개념을 설명하고 있다. 이와 같은 論辨은
朝鮮朝 朱子學을 수용한 후 최초의 太極論爭으로 그의 學問과 思想
을 뚜렷하게 闡明하였으며, 이 太極觀은 朝鮮 中期 以後 性理學의
指針이 되었다.

(2) 經世觀

　　晦齋의 經世觀을 그의 遺作『一綱十目疏』,『弘文館上疏』,『進修八
規』를 통하여 살펴보고자 한다. 그는 41세 때 당시의 權臣 金安老와
의 불화로 인해 관직을 물러나 향리에 머물며 學問에 專念하다가 47
세 때 다시 관직에 나아가게 된다. 그러다가 49세 때『一綱十目疏』를
올렸으며, 이를 받아본 中宗은 극구 칭찬하기를, "옛날의 眞德秀도
이에 능가하지 못했을 것이다."16)고 하면서, 이를 東宮에게 전하여

---

15)『晦齋先生文集』「答忘機堂　第一書」, "周子所以謂之無極者　正以其無方
　　所無形狀　以爲在無物之前　而未嘗不玄於有物之後　以爲在陰陽之外　而未
　　嘗不行於陰陽之出　以爲貫通全體無乎在　則又初無聲臭影響之可言也　非
　　若老氏之出無入有　釋氏之所謂空也"
16)『晦齋先生文集』 年譜　十八年己亥(先生四十九歲)條, "嘆曰　古之眞德秀

보여주게 했다고 한다. 이로써 보면 그 당시에 이미 그의 經世에 대한 識見이 높이 評價되고 있었다고 볼 수 있다.

먼저 『一綱十目疏』에 나타난 一綱과 十目의 내용을 살펴보면, 一綱이란 君主의 心術을 말하며, 十目은 1. 家庭을 엄격히 하는 것(嚴家庭), 2. 國本(世子)을 보양하는 것(養國本), 3. 朝廷을 바로잡는 것(正朝廷), 4. 人材를 쓰고 버리는 것을 신중히 하는 것(愼用舍), 5. 천도에 순응하는 것(順天道), 6. 인심을 바르게 하는 것(正人心), 7. 言路를 넓히는 것(廣言路), 8. 사치와 욕심을 경계하는 것(戒侈欲), 9. 군정을 잘 다스리는 것(修軍政), 10. 기미를 살피는 것(審幾微) 등을 말한다.

晦齋는 王道政治의 實現에 있어서 가장 重要한 것은 君主의 心術이라고 하여,

> 庶政의 번잡함과 만민의 무리에서 그 다스려지고 어지러워지며 기쁘고 슬퍼하는 바의 기틀은 군주의 마음에 根本을 두지 않음이 없습니다. 따라서 君主의 마음이 바르면 다스려지고 人心이 순하여 和氣가 이르게 되며, 君主의 마음이 바르지 못하면 만사가 어그러지고 人心이 거스르게 되어, 戾氣(사나운 기운)가 호응하게 될 것이니 이는 필연의 이치입니다.[17]

고 하면서 君主의 마음가짐이 政治의 要諦임을 强調하고 있다.

또한 君主의 마음에 대한 기준으로서 中和를 제시하고 이러한 中

無以過也"

17) 『晦齋先生文集』 卷七 「一綱十目疏」, "庶政之繁 萬民之衆 而其理亂休戚 之幾 未有不本於人主之心者 故人主之心正 則萬事理 人心順 而和氣至 人主之心不正則萬事乖 人心拂 而戾氣應 此理之必然也"

和의 상태를 유지해 나가는 것이 최선임을 强調하고 있다. 군주의 마음이 이런 中和의 상태에 있을 때, 君主는 天理를 保存하고 人慾을 억제하여 공정하고 올바른 政治를 할 수 있다는 것이 晦齋의 基本 立場이다. 왜냐하면 이런 中和의 道란 그 근원을 하늘에 두고서, 모든 人間의 마음과 모든 사물에 고루 퍼져 있기 때문에 천지를 一理로 관통하고 만물을 一體로 여기게 되며, 그 道가 드러나기 전에는 지극히 고요하고 지극히 바르기 때문에 일을 처리함에 치우침이 없고, 그것이 드러난 다음에는 등차를 세움에 차별이 없어 일의 처리에 어긋남이 없기 때문이다. 결국 中和란 內外가 알맞게 들어맞아 和合을 이루는 상태를 말하는 것이다.[18] 따라서 君主는 항상 그 마음을 이런 중화의 상태로 유지해 나가는 것이 王道政治의 要諦가 된다는 것이다. 이렇게 볼 때 晦齋가 王道政治의 실현 가능성을 주장하는 根據도 역시 하늘(天)과 사람(人)이 하나의 脈絡으로 연결되어 있다는 天人相感說 즉 일종의 萬物有機體觀에서부터 비롯된다는 것을 알게 된다. 결국 晦齋의 經世觀은 성리학의 형이상학적 우주관에 그 뿌리를 두고서 제기된 것임을 또 다시 확인하게 된다.

또한 君主가 그 마음을 이런 中和의 상태로 유지하기 위해서는 學問을 통해서 그것이 가능하다고 한다. 그리고 이때의 學問은 性理學의 내용, 즉 聖學을 가리킨다. 그런데 이런 학문공부는 그에 의하면 두 측면에서 進行되어야 한다.

> 대개 본심의 선은 그 體가 심히 은미하여 물욕의 공격은 한이 없는 까닭으로 舜은 '人心惟危 道心惟微'의 경계를 남겼고 공자는 '克己復禮'의 교훈을 남겼습니다. 君主가 숭고한 위치에 있으면서

---

18) 金忠烈, 「中庸의 首二句에 대한 해석」(『中國哲學散稿(Ⅱ)』), p.216.

窮理의 힘과 存省의 공을 한 번이라도 間斷이 있으면 또한 어찌 그 心術을 바로잡아서 만사의 강령을 세울 수 있겠습니까? 先儒는 말하기를 '오직 학문만이 이 마음을 수양할 수 있고, 오직 敬만이 이 마음을 보존할 수 있고, 오직 君子를 가까이 하는 것만이 이 마음을 유지할 수 있다.'고 하였습니다.[19]

라고 하여 學問과 修養에 의해서 君主의 마음을 그런 중화의 상태로 유지할 수 있다는 것을 강조하는데 그것은 쉼이 없는 계속적인 窮理의 노력과 存心省察의 수양으로 나타난다고 보고 있다. 晦齋는 또

　　一理로서 만사를 관통할 수 있고, 一心으로서 萬化를 統領할 수 있는 것이니, 제왕의 학문은 窮理와 正心일 뿐입니다. 理致가 窮究되고 마음이 바로잡히면 저절로 수신과 正家가 되어 治國과 平天下에까지 이르게 되는 것입니다.[20]

라고 하면서, 특히 敬을 강조하고 있다. 晦齋는 '敬'이란 聖學의 시초와 종말을 이루는 것이라고 하여,[21] 君主의 마음가짐은 항상 '敬'을 위주로 할 것을 주장한다. 이렇게 군주의 공부가 안으로는 敬에 의한 수양을 계속해 나가고, 밖으로는 이치를 窮究하는 학문에 열중하게 될 때, 君主의 마음이 항상 中和의 상태를 이루게 되어 능히 천지의 덕에 부합할 수 있는 경지에 到達할 수 있으며, 그렇게

---

19) 『晦齋先生文集』 卷七 「一綱十目疏」, "蓋本心之善 其體甚微 而物欲之攻 不勝其衆 故大舜有危微之戒 孔子有克復之訓 人主處崇高之位 窮理之力 存省之功 一有間斷 則又何以正其心術而立萬事之綱乎 先儒言 惟學可以 養此心 惟敬可以存此心 惟親近君子可以維持此心"

20) 『晦齋先生文集』 卷七 「一綱十目疏」, "一理可以貫萬事 一心可以統萬化 帝王之學 窮理正心而已矣 理窮心正 自足以修身正家而及於國天下矣"

21) 『晦齋先生文集』 卷七 「一綱十目疏」, "夫敬者 聖學之所以成始而成終者也"

되면 천지의 운행이 순조로워 재난조차도 나타나지 않게 된다는 것이다.[22]

또 51세 때 弘文館 副提學으로 있으면서 郊理 李退溪 등 管下의 여러 臣僚들과 합동으로 中宗에게 올린 上疏文인 『弘文館上疏』가 있다. 그 분량은 『一綱十目疏』보다는 적으나 약 육천수백 자에 달하는 大作이며, 그 구조도 一綱과 九目의 十事로 되어 있어 『一綱十目疏』와 비슷한 內容이다. 여기서 一綱이란 '中和'를 다함을 뜻하고 있다. 이 '中和'의 論理는 『中庸』에서 밝혀지는 本體와 現象에 대한 철학적 설명이다. 즉 '中'이란 喜怒哀樂 등의 心的 作爲가 일어나기 이전의 本體的 境地로서 天下의 大本으로 지적되고 있는 것이고, '和'란 그것이 그대로 드러나는 最良의 現象으로 이른바 天下의 達道로 설명된다.[23] 이처럼 本然의 純粹性을 뜻하는 中和的 차원에 晦齋는 君主의 統合理念을 설정하였던 것이다. 따라서 君王은 그 차원에 일치될 수 있도록, 항상 부족함을 자인하면서 聖學工夫에 더욱 盡力할 것을 강조하고 있다. 특히 戒愼恐懼의 태도로 內心을 닦아 中和의 極功을 이루도록 힘써야 된다는 것이다. 이에 그 仁政 具現의 基本問題로 9개 條目을 들고 있는데, 그 내용은 다음과 같다. 1. 宮中에서 엄격히 할 것(宮禁不可不嚴也) 2. 紀綱을 바르게 할 것(紀綱不可不正也) 3. 人才를 辨別할 것(人才不可不辨也) 4. 祭祀를 신중히 할 것(祭祀不可不謹也) 5. 백성의 어려움을 알아줄 것(民隱不可不恤也) 6. 敎化를 밝혀갈 것(敎化不可不明也) 7. 刑獄을 신

---

22) 『晦齋先生文集』 卷七, 「一綱十目疏」 "自强不息 而至於無息 則合乎天矣 人主德合於天 心一於天而千尋之不豫 災變之不消 無是理也"

23) 『中庸』 第一章, "喜怒哀樂之未發 謂之中 發而皆中節 謂之和 中也者 天下之大本也 和也者 天下之達道也 致中和 天地位焉 萬物育焉"

중히 할 것(刑獄不可不愼也) 8. 사치를 금할 것(奢侈不可不禁也) 9. 諫爭을 용납할 것(諫爭不可不納也)으로 시대적 政治現實을 반성하고 그 정상적 活力을 일으키려는 政治論으로 이해된다. 晦齋는 疏文의 末尾에서 君主가 聖王政治를 원한다면 그러한 念願이 大小 臣僚의 적극적 政務遂行으로 드러나 時弊가 극복되는 政治發展의 결과가 가능할 것임을 再確認하고 있다.

이상과 같은 王道政治의 實現을 위한 첫 단계가 君主의 마음을 바로잡는 데 있다는 점을 보면, 晦齋의 政治的 이념이 孔子나 孟子의 그것을 그대로 繼承하는 것임을 알 수 있다. 또한 이것은 바로 至治를 이 땅에 실제로 實現하려는 조선조 士林派들의 實踐指向的인 면모이기도 하다. 그리고 이런 現實的인 이유 때문에 그가 性理學者이면서도 理氣說과 같은 形而上學的 理論의 探究에 치중하지 않고, 心性의 修養과 經世에 관련된 性理學者들의 언급을 주로 인용하면서, 자기의 主張을 내세웠다는 것을 알 수 있다.

晦齋의 帝王學은 바로 『中庸九經衍義』에서 잘 드러난다. 『中庸九經衍義』는 비록 미완으로 남아 있으나 그 체제나 집필의 시점 그리고 집필의 의도를 살펴볼 때 晦齋는 『進修八規』를 올린 다음에 帝王學 즉 聖學을 보다 체계적으로 방대한 규모로 구성해보려고 했던 것 같다. 따라서 晦齋의 帝王學은 일단 『進修八規』에서 그 기본 골격을 갖추었다고 할 수 있으며, 이를 통해서 晦齋의 帝王學의 내용도 확인할 수 있을 것이다. 먼저 그 內容을 보면 여덟 개의 항목으로 이루어져 있다. 그것들은 君主라면 반드시 지켜야 할 規範과 갖추어야 할 德目 그리고 배워야 할 공부에 관한 것이다.

一規는 도리를 밝히는 것(明道理)이다. 이때의 도리란 日用事物의 當行之理다. 즉 君臣 간의 도리, 父子간의 도리, 夫婦, 長幼, 朋友

등의 道理로부터 出入, 起居, 應事, 接物의 도리까지 모든 경우를 말한다.24) 그리고 窮理는 독서를 통해야 하는데, 그 방법 역시 순서를 밟아야 하며, 거기서 그치지 않고 居敬에 힘을 기울이는 것이 더욱 중요하다.25)

二規는 대본을 세우는 것(立大本)이다. 이때의 대본이란 군주의 마음을 가리킨다. 그래서

> 대개 군주는 백성의 위에 있으면서 萬機의 政을 다스리니, 그 마음이 廓然하고 大公하여 嚴然하고 至正한 것이 마치 중천의 해와 같이 萬物에 임하여 偏蔽한 바가 없는 뒤에야, 명령을 내려 시행하고 賢明한 자를 任用하고 사악한 자를 내쫓음이 모두 이치에 부합하여, 조정에서는 백관과 만민이 바르게 되어, 모든 것이 다 바르게 될 것입니다.26)

라고 말하면서, 군주의 마음이 모든 것의 標準이나 模範이 되어야 한다고 强調했던 것이다.

三規는 天德을 체득하는 것(體天德)이다. 여기서 하늘의 덕이란 剛健 無息을 말한다.27) 다른 말로 표현하면 誠이다.28) 따라서 剛健

---

24) 『晦齋先生文集』 卷八, 「進修八規」, "以日用之最近者言之 則爲君臣者有 君臣之理 爲父子者有父子之理 爲夫婦爲長幼爲朋友 以至於出入起居 應 事接物之際 亦莫不各有理焉"

25) 『晦齋先生文集』 卷八, 「進修八規」, "蓋窮理之要 必在於讀書 讀書之法 又在於循序"

26) 『晦齋先生文集』 卷八, 「進修八規」, "蓋人君位億兆之上理萬幾之政 其心 廓然大公 儼然至正 如日中天照 臨萬物無所偏蔽 然後發號施令臨賢退邪 皆合於理 而朝廷以正百官萬民 皆得其正矣"

27) 『晦齋先生文集』 卷八, 「進修八規」, "皆天之德剛健無息而已矣"

28) 『晦齋先生文集』 卷八, 「進修八規」, "夫所謂天德者 一而無二 純而不雜

無息하면서 誠을 維持해야 한다.

四規는 전대의 성인과 제왕의 학을 본받는 것(法往聖帝王之學)이다. 聖人의 心法은 精一이며, 그 德行은 仁과 孝이다.[29] 따라서 군주는 仁과 孝를 충실히 행해야 한다.

五規는 총명을 넓히는 것(廣聰明)이다. 君主의 총명을 넓히는 방법은 言路를 開放하는 것이 최선이다.[30] 왜냐하면 군주가 보고 들을 수 있는 내용이란 한정되어 있기 마련이므로, 君主는 항상 자신의 귀를 열어놓고 다른 사람의 말을 받아들여야 한다. 그러기 위해서는 자신의 마음을 大公無事하게 維持해야 한다.[31]

六規는 인정을 베푸는 것(施仁政)이다. 仁政이란 백성을 사랑하는 政治이다. 그 구체적인 방법은 여러 가지가 있겠으나, 晦齋는 그것을 방해하는 두 가지 내용을 지적함으로써 仁政의 시행을 역설한다. 그것은 형벌을 간소하게 하는 것과 세금을 줄이는 것이다.[32] 이 두 가지가 제대로 시행될 때만이 仁政의 實現을 볼 수 있다는 것이다.

七規는 천심에 순응하는 것(順天心)이다. 군주는 항상 하늘의 마음을 살피어 거기에 순응해야 한다. 하늘은 君主의 행위가 天理에 부합하면 거기에 대해서 반드시 상을 내리고 만약에 그 행위가 천

　　合而言之 則誠也”

29) 『晦齋先生文集』 卷八「進修八規」, “然求其心法 則精一而已矣 求其德行
　　則仁孝而已矣”

30) 『晦齋先生文集』 卷八「進修八規」, “聖人之道本於仁 而爲仁必始於孝 孝
　　子百行之本 而萬化之源也”

31) 『晦齋先生文集』 卷八「進修八規」, “蓋人主之視聽有限 故必合衆人之視
　　聽 以爲聰明 苟非大公其心 無所偏繁 樂聞直言 虛悔聽受者 何能及此”

32) 『晦齋先生文集』 卷八「進修八規」, “自古人君欲施仁政 而害于仁者有二
　　刑罰煩則怨痛多 而害于仁矣 賦斂重則民碣其膏血 而害于仁矣”

리에 어긋나게 될 경우에는 반드시 하늘은 거기에 대해서 재앙을 내린다는 것이다.33) 그리고 이때의 天心이란 항상 民心에 의해 나타나므로, 君主는 항상 백성의 마음을 잘 살펴 하늘의 뜻에 어긋나는 行爲를 警戒해야 한다.

八規는 中和를 이루는 것(致中和)이다. 이것은 君主의 마음을 항상 中和의 상태로 維持할 것을 강조하는 것이다. 이미 앞에서 확인한 것처럼 政治의 根本은 君主의 마음에 달려 있다. 따라서 王道政治가 實現되기 위해서는 무엇보다도 君主의 마음을 최선의 상태로 維持하는 것이 필요하며, 그 상태가 바로 中和라는 것이다.

끝으로 晦齋는 世子를 보양할 것(養國本)을 첨가하고 있는데, 이는 그가 이미 여러 차례 언급했던 것으로서 장래의 君主에 대한 配慮까지도 소홀히 해서는 안 된다는 것을 말하려 한 것이다.

이상에서 살핀 것처럼 晦齋는 그 당시 王道政治 즉 至治의 구현을 위해서 帝王學을 구상했고 이것을 提示하였다. 그는 統治의 근본을 君主의 마음가짐에서 찾아 당시의 사회적 상황에서 君主의 전횡과 戚臣들의 횡포를 막아 진정한 王道政治를 실현하기 위해서 이와 같은 根本的인 統治方案을 제시했다는 데 그 의의가 크다. 이러한 晦齋의 經世觀은 『大學』과 『中庸』 註釋의 思想的 바탕이 되었으며, 그의 經學思想이 仁政을 중시하는 聖學으로 발전하는 계기가 되었다.

---

33) 『晦齋先生文集』 卷八 「進修八規」, "處心行事一順乎天理 而合於天心 則天降百祥而永保天祿 如或有不能敬 而所存所行有一毫悖於天理 而不合於天心 則天必厭惡而災咎輒應"

2. 時代的 背景과 晦齋의 現實認識

1) 朝鮮 前期의 社會的 狀況

高麗는 佛敎를 統治理念으로 삼아 왔으나 후기에 이르러 사회제도적인 폐단이 만연하게 되어 당시의 학자들은 時代的 問題를 해결하고자 고심하였다. 그런 가운데 忠烈王代에 安珦은 元으로부터 性理學의 書를 輸入하였으며, 이에 대한 硏究가 그의 門下인 白頤正과 禹倬에 의해 展開되었다. 白頤正의 학문은 李齊賢과 李穡으로 전승되고, 李穡의 門下에서 權近과 卞季良이 나오니, 이에 朝鮮의 儒學으로 계통이 전승된 것이다. 麗末의 性理學은 新興士大夫 계층에 상당히 보급되어 鄭夢周와 吉再로 이어졌는데, 吉再는 朝鮮 建國 後 善山의 金烏山에 隱居하여 後進養成에 전력하였다.

性理學的 理念을 바탕으로 朝鮮王朝가 建國된 후 崇儒抑佛의 두드러진 思想的 경향은 단순히 儒學의 振興에서 이루어진 것이 아니라 親明政策·土地改革 등의 정치운동에 관련되어 나타난 것이었다. 그리고 朝鮮王朝 이전부터 佛敎의 폐단에 대한 개혁의 必要性이 제기되었고 이러한 傾向은 王朝交替의 근본적 원인의 하나가 되었으니, 儒學은 새로운 왕조에서 정치·제도적 문제로서 이를 실천하여 나갈 수밖에 없는 時代的 課題가 되었다.

새로운 王朝의 政·敎 兩面에서 麗末의 儒學者들은 크게 활약을 했는데, 이들 중 큰 功績을 남긴 유학자로서는 鄭道傳과 權近을 손꼽을 수 있다. 鄭道傳은 權近과 마찬가지로 李穡의 門人으로서 공민왕 때부터 登任하여 곧 신흥세력인 이성계의 정치를 보좌하여 新王朝 건설의 大業 성취에 크게 활약했다. 그가 남긴 저술 중 『心氣

理篇』과 『佛氏雜辨』은 朝鮮儒學史上 學問的 斥佛論의 嚆矢로 적극적인 유교 옹호의 저술이었으며, 『朝鮮經國大典』은 儒敎의 교리를 통한 新王朝文化의 一大典章으로 評價된다. 陽村 權近은 朝鮮이 建國되자, 太祖의 命으로 귀양지에서 소환되어 뒤에 大提學에 이르렀다. 그는 『入學圖說』을 지어 그 이름이 중국과 일본에까지 떨쳤으며 그의 門徒 중에는 뒤에 학계와 정계에서 명성을 떨친 이가 많았다.

儒學은 원래 倫理와 政治를 不可分의 관계로 보는 學問으로서 現實性을 지닌 것이 그 特性인바 當時의 政治的 環境은 朝鮮의 儒學界에 적지 않은 영향을 끼쳤다. 즉 高麗의 멸망에 따라 鄭道傳과 權近 및 그의 門徒들은 新王朝 건설에 크게 이바지했지만 吉再와 같은 학자는 不事二君의 節義를 지켜 私學으로써 敎育에 힘쓸 뿐이었다. 吉再는 李穡·鄭夢周에게도 受學했는데 善山 金烏山에 숨어 後學을 기르는 中에 그의 門下에 金叔慈 같은 이가 나와 그의 程朱學을 계승하고 世宗朝에 이르러 出仕하였고, 그의 아들 金宗直은 成宗代에 士林의 中心人物이 되었다. 太祖 이래 崇儒政策으로 말미암아 性理學은 날로 발전하였고 많은 人材들이 배출되었으니 특히 世宗朝에 이르러서는 朝鮮文化의 黃金期를 이루는 원동력이 되었다. 集賢殿 學者들을 中心으로 수많은 儒者들의 出現을 보게 되어 가히 東方의 儒學을 꽃피울 준비는 다 갖추어졌다.

朝鮮初期의 學問 경향은 크게 두 가지로 나눠볼 수 있다. 하나는 王朝 建國에 동참하여 權勢를 누리는 勳舊派로서 이들은 朝鮮의 지도이념 강화와 典章文物을 정비하였고, 다른 하나는 吉再의 後學을 주축으로 하는 士林派로서 학문에 전념하여 性理學의 理念을 실현하려는 학자들이다. 在野의 士林派 중에는 才士가 많고 言論이 盛하여 뒤에 勳舊派와 대립되어 士禍의 원인이 되기도 했다. 이들의 학문계통은 金宗直·金宏弼·趙光祖로 傳受되었다. 燕山朝에 勳舊勢力과 士林派 간의 士禍가 발생한 것은, 외형적으로는 勳舊派와 士林派의 갈등과 반목이라고 할 수 있으나, 內面的으로는 士林派가 정계진출을 통하여 性理學的 理想世界를 實現하고자 했던 사건이었다. 이는 바로 士林派가 勳舊派의 타성화된 정치에 대하여 비판의 단계를 넘어 스스로 연마한 學問으로 세상에 펼치고자 하는 것으로써 朝鮮 前期의 性理學이 자체적으로 발전하고 있다는 反證이라고 할 수 있을 것이다. 中宗이 卽位하여 燕山君의 폐정을 개혁하고 風化를 振作하려 할 때, 道學政治를 실현하려고 하는 기운이 일어나자 柳崇祖가 이를 최초로 주청하여 그는 成均館에서 性理學에 전념하여 後學을 지도하는 學長 역할을 했다. 그의 學長시절에 趙光祖가 成均館에 입학하였는데, 이때에 趙光祖는 道學을 講究하고 興起시켜 儒學의 理想政治를 실현할 것을 결의하였다. 趙光祖의 학풍은 체험을 주로 하고 詞章에는 힘쓰지 않았다. 任官後에는 매양 勳舊勢力의 반감을 샀으니 이로 말미암아 己卯士禍가 일어난 것이다. 趙光祖와 뜻을 같이한 사람으로 金安國, 金正國 등이 있었으니 이들은 과감한 制度改革을 단행하여 도학을 실현하고자 노력하였다. 己卯士禍로 인하여 趙光祖는 사사되고 金安國, 金正國은 찬출되어 沈貞, 金安老 등이 실권을 잡았으나 失脚하였고, 이에 中宗이 金安國, 金正國을 다시 등용하고 사림들을 尊重하는 듯하였다. 그러나 士禍以後로 士林들은 政治的 現實에 뛰어드는 것을 꺼리고 隱居하여 獨善에 힘을 기울이는 傾向을 띠게 되었다.

2) 16世紀 性理學의 特徵

高麗末 安珦에 의해서 수용된 性理學은 학계에 합리적이고 윤리적인 새로운 학풍을 가져오게 되어 麗末鮮初의 圃隱·冶隱·佔畢齋·靜庵으로 넘어 오면서 義理精神의 전통으로 계승되었다. 이러한 전통은 戊午·甲子·己卯·乙巳의 四大士禍를 거치면서 退·栗에 의해 전성기를 이루게 된다. 그러면서 宋代의 朱子學이 宇宙論的 理氣思想을 문제로 삼았던 것에 비해 韓國의 性理學은 인간의 性情을 문제 삼아 內面的 主體에 대한 硏究가 주를 이루었다. 理氣互發說을 主張한 退溪의 哲學과 一途說을 주장한 栗谷의 哲學은 韓國 性理學의 代表的 철학으로 꼽히며 嶺南學派와 畿湖學派로 나뉘어 계속 발전하게 된다.

우리는 여기서 그 以前에 韓國 性理學의 先河로서 晦齋를 看過할 수 없으며, 朝鮮 前期 性理學의 한 脈을 이루고 있는 晦齋 李彦迪이 한 生涯를 마친 16世紀 前半期의 朝鮮은 세력 다툼으로 인하여 부조리가 만연하였으므로 양심적인 학자와 지식인들이 모진 彈壓 속에서도 계속 집권층에 반대하는 투쟁을 감행하여 이른바 '士林'의 擡頭를 보게 되었다. 16世紀 前半期 士林의 思想的 경향은 性理學 이념의 사회적 실천과 도덕성·수신의 강조였다. 그런데 道德性과 수신의 강조가 그 사회적 실천을 수반하는 경우 必然的으로 인간의 心性에 대한 관심이 증대될 수밖에 없었다. 鄭汝昌과 柳崇祖는 바로 이러한 관심을 理論的으로 說明하려 한 대표적인 인물이었다. 理氣論과 四端七情論의 구체적인 싹이 이들에게서 보이고 있는 것이다. 그렇지만 晦齋에 이르러서야 性理學 이론에 대한 본격적인 硏究가 이루어진다. 中宗代 등장하는 己卯士林이 性理學에 대한 이론적 탐구보다는 嶺南士林과 마찬가지로 性理學 理念의 社會的 實踐에 더 중점을 두었기 때문이다.

己卯士林의 사상적 특징은 趙光祖가 經筵에서 주장하였던 도학을 높이고[崇道學] 인심을 바르게 하며[正人心] 성현을 본받고[法聖賢] 至治를 일으킬[興至治] 것에 잘 나타나 있다. 道學은 性理學과 거의 같은 의미로 도덕·윤리의 실천적인 측면을 강조할 때 많이 사용하였다. 至治는 三代의 理想政治를 의미한다. 따라서 性理學의 이념에 따라 마음을 바르게 하고 聖賢을 본받아 理想的인 政治를 펼쳐야 한다는 것이다.

중앙에서 세력이 점점 확대되어 가자 己卯士林은 이러한 인식을 바탕으로 至治를 현실사회에 실현하기 위해 여러 改革政策을 추진해 나갔다. 王道政治를 수행하기 위해서는 君主가 賢人의 경지에 이르러야 한다는 賢哲君主論을 주장하고 君主를 올바르게 보필할 수 있는 신하를 등용하는 방법으로 賢良科를 시행하였다.

또한 『小學』과 함께 이들의 학문적 기반으로 중시된 것은 性理學 입문서인 『近思錄』이었다. 특히 趙光祖는 『近思錄』을 『小學』보다 더 중시하였으며 改革政策의 理論的 기반으로 삼았다.

性理學 理念의 구현과 개혁을 통해 至治를 실현하려고 했던 이들의 노력은 僞勳削除를 계기로 勳戚의 본격적인 반격을 받아 결국 己卯士禍로 인해 실패로 돌아가고 말았다. 그러나 긴 역사의 흐름에서 볼 때 이들은 패배한 것이 아니었다.

己卯士林의 性理學 이론 수준은 깊이가 있는 것은 아니었으나 이들의 등장은 朱子 중심의 性理學的 세계관이 조선 性理學의 중요한 특성으로 자리잡게 되는 결정적인 계기가 되었다. 그리고 이들의 실천적 행동은 勳戚까지도 性理學의 실체를 새롭게 인식하게 하고,

性理學을 자기 시대의 理念으로 인정하지 않을 수 없게 하였다. 이제 性理學은 朝鮮社會의 지배사상으로 확고한 位置를 차지하기 시작한 것이다.

中宗朝 후반의 士林은 다시 中央政界에 진출하지만 乙巳士禍로 인해 선배 세대들과 마찬가지로 향촌으로 돌아가야만 했다. 따라서 이들의 학문 研究는 基本的으로 己卯士林의 사상을 繼承하였으나 동시에 그 한계를 극복하려는 방향으로 展開되었다. 거기에 勳戚의 支配라는 현실도 적지 않은 영향을 미쳤다.

이들은 己卯士禍가 실패한 원인으로 먼저 포기한 國王의 學問的인 問題點을 들고 國王의 학문인 聖學, 즉 帝王學에 대한 연구를 활발히 전개하고, 그 理論的 基盤이 되었던 『大學』에 많은 관심을 기울였다. 經筵에서 『大學衍義』가 논의되고 그에 의해 『大學』에 관련된 책들이 저술되는 것도 이러한 帝王學의 흐름을 반영하는 것이었다.

또한 己卯士林이 至治를 추진하는 데 理論的 基盤이 부족했다는 점을 認識하고 출사보다는 학문연구에, 性理學의 실천적 측면보다는 이론적 측면에 관심을 기울였다. 더욱이 勳戚의 계속되는 탄압으로 인해 中央政界에 나아가 자신들의 이상을 펴는 것이 불가능한 상황에서, 性理學 研究에 더욱 힘을 쏟고 제자들을 키워 훗날을 對備하는 것을 現實的으로 가능한 최선의 방법으로 생각하고 자신들의 근거지를 중심으로 서원 건립 등을 통하여 힘을 길러 나갔다.34)

이렇게 본다면 朝鮮 前期의 性理學이 『朱子家禮』라든가 『三綱行實圖』 등에서 가르치는 忠孝 등의 단순한 덕목에 의한 사회 규율로

---

34) 고영진, 『조선시대 사상사 어떻게 볼 것인가』, 풀빛, 1999, pp.83-87.

출발하여 마침내 독자적으로 전개한 이론에 의한 체제 합리화의 차원에까지 나아간 것이다. 다시 말하면 倫理에 의한 朝鮮朝 社會의 안정 내지 규범화에 공헌한 것이라고 그 特徵을 지적할 수 있다.[35]

그 결과 性理學的 世界觀과 理氣心性論을 본격적으로 다룬 글들이 花譚 徐敬德과 晦齋 李彦迪 등을 통해 나오고 이어 曺漢輔와 李彦迪의 無極太極論爭과, 退溪 李滉과 奇大升의 四端七情論爭, 栗谷 李珥와 成渾의 四端七情 論爭을 통해 士林들은 理氣心性論을 비롯한 성리학 이론에 대한 이해를 심화시켜 갔다. 특히 中宗 말에 中國에서 처음 들어온 『朱子大全』은 朱子의 저술을 모두 모은 문집으로 조선의 학자들에게 朱子의 思想體系를 접할 수 있게 함으로써 性理學 硏究가 본 궤도에 오르게 하는 계기를 마련하였다.[36]

이와 같은 學問的 역량의 축적으로 인해 16세기 중반에는 朱子學의 정밀한 이론들이 제기되었다. 즉 初期 士林 이후 性理學의 방향은 분명히 설정되어 왔지만 性理學的인 社會를 구현하기 위한 전제이자 전 시대의 사회모순을 극복하기 위한 학문적인 理論은 이 시기에 와서 정립되었던 것이다.[37]

16세기의 性理學의 特徵은 朱子學을 客觀化, 明瞭化시키려는 의도에서 비롯된 것이다. 따라서 朱子의 철학체계를 어떤 식으로든 재해석해 내지 않을 수 없었고 그 결과 朱子學의 변용을 통해 朝鮮 朱子學의 獨自性을 확보해 내는 데 이르렀다.

---

35) 윤사순, 「朝鮮前期 性理學의 思想的 機能」(『민족문화연구』 제9집, 고대민족문화연구소, 1975), p.114.

36) 고영진, 『조선시대 사상사 어떻게 볼 것인가』, 풀빛, 1999, p.87.

37) 『한국사』 8卷, 한길사, 1994, p.239.

3) 晦齋의 現實認識과 對應

　己卯士禍로 인하여 심각한 挫折을 느낀 사람들은 官界로의 진출을 단념하고 隱居하여 學問에만 전념하는 風潮를 형성하게 되었다. 이에 보다 적극적으로 士林派의 진출을 시도한 이가 晦齋 李彦迪이었다. 晦齋는 中宗初 靖國功臣의 지배체제가 무너지고 士林派가 정계에 진출하여 改革論을 펴기 시작한 시기에 別試文科에 급제하였다. 그 뒤 趙光祖가 중앙 정계에 등장하여 改革政治가 궤도에 오르기 시작한 시기에 관직생활이 시작되었다. 己卯士禍 때 晦齋는 하위 관직에 있었기 때문에 피해가 없었다. 士禍 後 南袞·沈貞·洪景舟 등이 정국을 주도할 무렵에 그는 이조랑과 병조랑, 言官 등의 직위를 두루 거쳤다. 말기에 金安老의 정계복귀를 반대하다가 被論됨으로써 鄕里에서 보내게 되었으며, 金安老의 失勢 後 中宗 말기와 仁宗이 在位한 짧은 시기에 大司憲·漢城府判尹·吏曹判書·右贊成·左贊成 등 요직을 역임하였다. 仁宗의 死後, 明宗이 즉위하여 乙巳士禍를 겪게 되었고, 士禍가 확대되어 가는 과정에서 良才驛壁書事件으로 平安道 江界에 流配되었다.

　己卯士禍 이후 士林을 주도하는 인물로 부각되었으며 이 기간이 現實에 對應하는 자세를 갖추게 된 중요한 시기이다. 金安老의 失勢 後 정국의 主導는 여전히 勳舊派에 돌아갔고, 士林의 정계 진출도 이전보다 활발하게 되었다. 晦齋는 이때, 현실적으로는 어려웠지만 己卯士禍 때의 士林派에 대한 伸冤을 위해 노력하였다. 이러한 그의 노력은 仁宗 때에 와서 더욱 분명히 드러나게 되었다. 그리하여 中央官職에서 士林派의 비중이 커지고 趙光祖를 비롯한 士林派의 복권을 본격적으로 논의하게 만든 배경으로 등장하게 되었다.

金安老의 失勢 이후 大尹(尹任 일파)과 小尹(尹元衡 兄弟 일파)의 갈등이 심해지고 혼미한 상태에 있을 때 李彦迪은 正道에 입각한 정국의 운영과 현실의 개혁에 깊은 관심을 보이고 있었다. 晦齋는 己卯 士林派가 펼쳤던 개혁 정책 중에서 賢哲君主論에 가장 깊은 관심을 가지고 있었고, 그가 全州府尹으로 있을 때『一綱十目疏』를 올려 이를 실천하기에 이르렀던 것이다. 晦齋의 정치사상은 戚臣들의 政權 掌握에 정면으로 대응하기보다는 君主가 公論에 입각하여 정국을 운영하도록 進言하는 것이 보다 효과적인 방법이라고 판단하였기 때문이다. 仁宗이 昇遐하고 明宗이 卽位한 후 戚臣 尹元衡이 乙巳士禍를 일으켜 정권을 장악하는 데는 일단 성공하였으나, 그들이 주도한 功臣 중심의 支配體制는 애초부터 구조적인 취약점을 지니고 있었다. 이러한 현실 속에서 정권을 계속 유지하기 위해 그들은 자신들의 지위에 위협 요소로 판단되는 士林派를 철저히 분쇄하기 위해 전력을 기울였는데 이 良才驛 壁書事件은 바로 그러한 흐름 속에서 일어난 獄事였다. 그 여파로 晦齋는 삭훈을 당하고 鄕村에 은거한 지 1년 만에 다시 江界로 유배되었던 것이다.

江界로 유배된 晦齋는 세상을 떠나는 明宗 8년까지 약 6년 동안 그곳에서 학문과 연구에 몰두하였다. 晦齋는 유배지에서 여러 가지 어려움도 있었지만 학문연구 및 저술에 노력을 기울여『大學章句補遺』를 완성하였고, 『奉先雜義』, 『求仁錄』과 『進修八規』를 완성하였다. 또『中庸九經衍義』의 저술을 구상하여 집필 중에 병사함으로 그 완성을 보지 못하였다.

晦齋는 朝鮮朝 性理學의 자체적인 理論 정립을 통하여 위정자에게 士林派의 위상을 확고히 드러내고자 하는 욕구가 있었으며, 이는 實質的으로 性理學을 探究 터득하여 그 자신의 理論을 전개함으로써 바로 뒤에 退溪와 栗谷이 學問思想을 이루는 이론적 토대를 마련하였다고 할 수 있다.

또한 晦齋가 활동했던 시기는 金安老·尹元衡으로 대표되는 權臣과 戚臣의 세력들이 정국을 주도했던 때였다. 權臣과 戚臣들은 변칙적이고 파행적으로 政局을 운영했기 때문에, 이러한 틈바구니에서 晦齋는 公論에 입각한 정치 운영을 統治原理로 삼고 비정상적인 政局 운영에 대하여 批判的인 자세로 대응하였다. 晦齋는 불공정한 인사 관행을 쇄신하고 크게 둔화된 士林派의 정계 진출을 보다 원활히 하려는 데 노력하였으며, 公論이 국왕에게 수용될 수 있도록 하기 위해 言路의 개방과 국왕의 納諫도 아울러 강조하였다. 晦齋의 이와 같은 현실 개혁론의 根底를 이룬 것은 爲民을 중시하는 儒敎的 理想社會 건설에 필요한 '君心'에 있었다. 말년 謫居生活은 이러한 晦齋의 思想을 經書註釋을 통하여 드러낸 시기였다고 할 수 있다.

Ⅲ. 『大學』 註釋에 관한 比較 考察

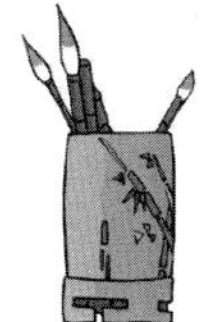

晦齋의 『大學』 註釋을 考察하기 위하여 먼저 晦齋 토대가 되었던 朱子의 『大學』 改訂과 解釋에 대한 입장을 살펴보고, 晦齋의 『大學章句補遺』, 『續大學或問』의 내용을 分析하여 比較 考察해보고자 한다.

1. 朱子의 『大學』 改訂과 解釋

1) 『大學』의 成立

中國을 비롯하여 漢字文化圈에 속하는 東北 亞細亞地域에서 儒學만큼 政治制度와 文化生活, 學術과 思想 등 역사의 전반적인 사항과 관련하여 지대한 영향을 끼친 것은 없었다. 春秋戰國時代에 孔孟에 의하여 集大成된 儒學은 당시의 諸子百家와 함께 竝稱되었으나, 특히 西漢의 武帝가 百家를 黜斥하고 儒學만을 尊崇하여 博士制度를 두면서부터 孔子의 六經을 중심으로 한 儒學만이 政治思想

과 社會制度로 探究되어 발전하였고 여타의 사상들은 그 지류에 불과하게 되었다. 西漢에서는 今文學이 발달했고 東漢에서는 古文學이 발달했다. 그 후 魏晉南北朝를 지나 唐代에 이르기까지 변화와 유전을 계속하며 儒學의 본의를 밝히기 위해 수많은 大家들이 연이어 출현하였다. 이들의 연구대상이 漢初의 五經에서 唐代의 九經으로 넓혀지고 심화되어 방대한 분량의 奏疏와 集註들이 나왔으나 今文學과 古文學과의 상호 辯論과 옹호를 반복하였다고 할 수 있다.

宋代에는 儒學史에 있어서 커다란 變革이라고 할 수 있는 性理學이 성립되었다. 북송시대에는 안으로 정당의 싸움이 계속되고 끊임없는 외세의 침략과 이방의 사조들이 난무한 시대여서, 당시의 지배층은 중화적 정통사상과 주체성 확립을 위하여 신유학의 체계를 세우지 않으면 안 될 상황이었다. 그리하여 학문의 경향이 이전과는 판이하게 달라졌다. 불교와 道敎를 능가할 수 있는 새로운 形而上學을 정립하고 이를 바탕으로 삼아 유교경전을 연역하여 註釋했다. 특히 『大學』과 『孝經』의 경우에는 고본의 편차에 의구심을 가지고 그 편차를 更定하기도 하였다. 이와 같은 性理學의 새로운 학풍이 宋代에 風靡하였고 明代를 거쳐 淸末까지 官治 위주의 학풍으로 그 맥을 계승하였다.

『大學』은 본디 『中庸』과 함께 각각 『禮記』의 한 편이었으나, 단권으로 각광을 받은 것은 宋代의 性理學者들에 의해서였다. 그러나 이미 唐末의 大家 韓愈는 「原道」에서 『大學』의 修齊治平의 道가 堯舜以來 孔孟에 전수한 心法이라 단정하였으며 그의 제자 李翱는 「復性書」에서 유교 해탈론을 전개하여 전통 유학 내에서 至高至聖의 人格者가 될 수 있음을 천명하였으니, 이 두 大家는 宋代 性理學의 先河로서 인정받고 있다.

이제 『禮記』의 一篇인 『大學』이 독립되어 다른 經典과 함께 十三經으로 인정받아 중시되기까지의 과정을 『禮記』의 변천과 『大學』의 성립이라는 측면에서 구체적으로 살펴보기로 한다.

西漢의 今文學者들은 『詩』·『書』·『禮』·『樂』·『易』·『春秋』의 六經이 周公의 옛 典籍들이라고 생각했는데, 六經 가운데 『樂經』은 없으므로 漢武帝 때 五經博士만을 두었다. 이 五經에서 『禮經』은 『儀禮』를 가리키며 이에 대한 『記』는 『儀禮』에 종속된 참고자료[38] 정도로 생각했고 『儀禮』를 傳授할 때도 약간의 『記』를 選集하여 보조 자료로 삼을 정도였다. 『記』는 계속하여 流轉되다가 東漢 중기에 이르러 대부분의 選集本이 淘汰되고 戴德이 選集한 『大戴禮記』 85편 本과 戴聖이 選集한 『小戴禮記』 49편 本만이 이루어졌는데, 현존의 『大學』은 『小戴禮記』에 실려 있다. 東漢의 古文學者들은 孔子가 『六經』을 刪定하였다고 믿어 今文學說을 배격하였으나 여전히 『儀禮』를 중시하였고 『禮記』는 이에 종속적인 것으로 보았다. 『禮記』가 『儀禮』와 독립된 서적으로 그 위상이 높아진 것은 東漢末期 經學의 大家 鄭玄(127~200)이 古文學의 입장에서 今文學의 일부를 절충하면서 『小戴禮記』 등 經書에 註釋을 가한 뒤부터이다. 魏나라 王肅(195~256)은 今文學의 입장에서 『三禮』 등 古文經에 주해를 달아 鄭玄의 學說에 맞섰다. 이렇게 魏晋南北朝를 지나면서 『禮記』는 오히려 『儀禮』·『周禮』보다 더 중시되었고, 淸代까지 그 지위를 누렸다. 이는 『禮記』가 儒敎의 禮治主義를 전면적이고도 철저하게 선양함으로써 歷代 王朝에서 經으로 尊重되었기 때문이다.[39]

---

38) 하경용저, 장영백 외 역, 『풀어 쓴 고전 經學槪說』, 청아출판사, 서울, 1992, p.36.

39) 하경용저, 장영백 외 역, 『풀어 쓴 고전 經學槪說』, 청아출판사, 서울,

唐初에 高祖는 都邑의 國學에 周公·孔子의 廟閣을 세워 釋奠禮를 주재하였으며 지방의 각 州·縣에 鄕學을 건립하여 儒學振興에 진력하였다. 곧이어 太宗이 즉위하여 당시의 번잡하고 분분한 經學의 諸說을 통일시키고자 孔穎達에게 명하여 『五經正義』를 편찬하기에 이르렀다. 이때 孔穎達은 『三禮』 중에서 『禮記』에 奏疏를 하여 『禮記正義』 70卷을 편찬하였고, 『周禮』와 『儀禮』는 제외하였다. 이리하여 『禮記』는 唐代에 九經40)으로써 經의 위치를 더욱 확고하게 차지하였을 뿐만 아니라, 大經41)이 되어 明經科를 준비하는 선비들에게 中經인 『周禮』·『儀禮』보다도 더 각광을 받게 되었다. 또 九經에서 十二經42)으로 擴大되는 가운데 『禮記』는 더욱 중시되었다.

『大學』이 『禮記』에서 따로 분리되어 單行本으로 독립된 것은 그 時期를 정확하게 알 수가 없으나, 宋나라 仁宗 6년(1027)으로 과거에 급제한 進士 王拱辰 등에게 『大學』을 下賜한 것으로 보인다. 그리고 宋의 陳振孫이 撰한 『直齋書錄解題』의 기록에 의하면 司馬光이 『大學廣義』 1卷을 지었다고 하는데 그 책은 유실되어 전하지 않는다. 『大學』이 儒家의 중요한 典籍이 된 것은 二程 이후의 일이다.

앞에서 대략 『禮記』의 성립과정을 살펴보았거니와 『禮記』는 孔子의 제자들과 後代의 학자들이 禮에 관한 내용을 기록한 것인데, 漢

1992, p.38 參照.

40) 九經은 『詩』·『書』·『易』 三禮인 『周禮』·『儀禮』·『禮記』 三傳인 『左傳』·『公羊傳』·『穀羊傳』을 합하여 이르는 말이고, 이 九經으로 과거를 치러 인재를 선발하였다.

41) 唐代에 九經을 大·中·小로 나누었는데, 『禮記』·『左傳』은 大經, 『周禮』·『儀禮』·『毛詩』는 中經, 『周易』·『尙書』·『公羊傳』·『穀羊傳』은 小經이라 하였다. 大經에서 『左傳』은 『禮記』보다 글자가 많았으므로, 과거를 준비하는 학자들은 대부분 『禮記』를 익혔다.

42) 十二經은 九經에 『論語』·『孝經』·『爾雅』를 합하여 이른다.

나라 초기인 景帝·武帝 때에 河間(河北省 獻縣)의 獻王(在位: B.C. 155~128)이 이를 수집·정리한 것으로 모두 131篇으로 이루어져 있다. 나중에 前漢의 學者인 劉向(B.C. 77~A.D. 6)이 宮中의 秘書를 硏究·校正하면서 131편 외에 약간의 禮에 관한 기록을 發見하여 이를 종합하니, 5종 214편이 되었다. 그러나 梁나라 출신인 戴德은 그 繁雜하고 중복된 것을 제거하여 85편으로 만들었으니, 이것이 이른바『大戴禮記』이다. 그리고 戴德의 조카 戴聖이 이를 다시 편집하여 46편으로 된『小戴禮記』를 만들었다. 그리고 그 뒤에 漢末의 馬融이 여기에 「月令」·「明堂位」·「樂記」 3편을 보태서 오늘날 우리가 보는『禮記』 49篇이 되었다. 그러므로『禮記』가 만들어진 과정은 원래 한 사람에 의해서 편집된 것이 아니라 각각의 편이 만들어진 시기가 각기 다르다. 물론『大學』도 이『禮記』의 한 편이지만, 그 作者와 만들어진 시기에 대해서는 異說이 분분한 실정이다.

　과거에 유교가 國敎의 위치에 상정된 곳에서 四書는 누구나 학습해야 하는 필수과정으로 제시되었고, 그러한 四書 가운데서도 특히『大學』은 가장 먼저 履修해야 하는 교재로 강조되었다. 즉『大學』은 初學者가 도덕의 세계 즉 학문의 세계에 들어가기 위한 入門書의 역할을 담당하였기 때문이다.

　『大學』이라는 명칭이 붙여진 까닭은 아마도 본문의 첫머리에 記錄되어 있는 「大學之道」란 어휘에서 由來했을 것으로 推定되며, 그 명칭은『大學』 전체의 정신내용을 설명하고 있는 것으로도 보인다.[43]

　이『大學』이 지향하는 學問的 의미로는 理致를 研究한다는 의미로서의 哲學, 마음을 사로잡는다는 의미로서의 倫理學, 자신을 닦고

---

43) 安炳周 外,『儒學原論』, 成均館大學校出版部, pp.35-37 參照.

남을 다스린다는 의미에서의 政治學 등 여러 가지 방면의 의미가 內包되어 있다고 볼 수 있다. 또한 이러한 의미들을 具體的으로 언급하고 있는 언표들로는, 理致를 硏究한다는 것은 '格物致知', 마음을 바로잡는다는 것은 '誠意正心', 자신을 닦는다는 것은 '修身', 남을 다스린다는 것은 '新民 혹은 親民'44)에 해당하는 齊家·治國·平天下에 대응시킬 수 있다. 그러나 이런 현대의 學問的 分化方法으로 나누어 각 조목들을 說明하는 것은 이해의 편의일 뿐이지 『大學』의 내용이 구체화되었을 당시에는 學問을 통달하는 방법을 의미하는 것이었을 것이다.

『大學』은 2000자도 안 되는 매우 짧은 글이지만 그 주요내용인 三綱領과 八條目은 儒學思想의 전체 규모에 해당한다. 특히 人性論的 내용으로 性品의 修養이나 의지단련의 層次의 段階를 설정하여 사물에 대해 가치판단을 하는 등의 자세한 說明을 하고 있다. 뿐만 아니라 萬事의 先後를 제시하고 있기 때문에 儒敎思想 중에서 가장 중요한 文章의 하나라고 할 수 있다.45)

『大學』에 이르기를 "大學의 道는 明德을 밝히는 데에 있고, 백성을 새롭게 하는 데에 있고, 지극한 善에 머무르게 하는 데에 있다."46)고 했으며 이를 三綱領이라고 한다.47) 綱은 그물의 큰 줄이니 즉 그

---

44) 「新民」은 朱子가 해석한 것이고, 「親民」은 王陽明의 『古本大學』에 근거한 설이므로 엄밀히 차이가 나는 문제이다. 이 論文에서 각론에 들어가기 전까지는 오늘날까지 가장 많이 통용되고 있는 『大學章句』에서의 朱子 해석을 인정하여 「新民」으로 표기한다.

45) 張其昀, 『中國思想의 根源』, 文潮社, p.79 參照.

46) 『大學』 經一章, "大學之道 在明明德 在親民 在止於至善"

47) 『河南程氏遺書』에서 程明道의 이 三綱領에 대한 언설을 보면 "대학은 명덕을 밝히는 데에 있는데 먼저 이 도를 밝힌다. 백성이 새롭게 하는 데 있다고 하는 것은, 사람으로 하여금 이 도를 적용하여 스스로 새롭

한 가닥을 끌어당김으로써 그물 전체의 눈이 딸려 나오는 전체의 中樞를 말하고, 領은 옷깃이니, 옷깃을 들어 사용하므로 중심적인 부분을 말한다. 또 八條目은 앞의 三綱領을 구체적으로 실천하는 방법상의 길을 제시한 것으로, 格物에서 修身까지는 明明德에 해당하고, 齊家에서 治國, 平天下는 新民에 해당하며 明明德과 新民을 모두 止於至善에 合當하게 해나가는 것이다.

『大學』에서 말하는 格物·致知·誠意·正心·修身·齊家·治國 및 平天下 등의 내용은 모두 개인의 內的 精神要素에서 출발하여 外部的 行爲로 작용하는, 즉 한 개인의 내적 요소에서 형성된 것이 점차 온 天下로 확산됨을 제시한 것이다.48)

『大學』에 대한 가치도 원래는 『論語』나 『孟子』보다 훨씬 낮게 평가되었던 것으로 전해진다.49) 그러나 唐의 韓愈가 지은 『原道』의 내용 속에서 "古之欲明明德於天下者 先治其國 …… 欲正其心者 先誠其意"라는 一段을 인용하여 先秦以來의 道로 評價하면서 비로소 『大學』은 중시되기 시작했다. 그러나 韓愈의 인용문에는 "欲誠其意者 先致其知 致知在格物"이 빠져 있는데 이로 미루어 韓愈가 『大學』에서 중요하게 여긴 것은 誠意·正心·修身·齊家·治國·平天下요, 格物致知는 소홀했음을 알 수 있다. 또한 宋나라 司馬光은 『禮記』에서 따로 뽑아 『大學廣義』를 지었고, 후에 二程 즉 程明道와 程伊川

게 되는 것이다. 지극한 선에 머무는 데에 있다는 것은, 머무는 바를 아는 것이다."[大學在明明德 先明此道 在親民 使人用此道以自新 在止於至善者 見知所止]라고 하였으니, 이것은 朱子가 뒷날 말한 「三綱領」과 거의 같은 내용의 해석이라고 볼 수 있다. 勞思光(鄭仁在譯), 『中國哲學史』 宋明篇, p.265 參照.

48) 張其昀, 『中國思想의 根源』, 文潮社, p.2 參照.

49) 梁啓超 著, 李桂柱 譯, 『中國古典入門』, 三星文化財團, p.78 參照.

형제가 「初學 入德의 門」으로 그 가치를 높이 평가하고 『論語』·『孟子』·『中庸』과 같은 위치에 두었고, 朱熹가 二程의 이런 評價를 숭상하여, 앞의 세 책과 『大學』을 함께 『四書集註』를 편찬함으로써, 비로소 「四書」라는 명칭으로 크게 세상에 알려지게 된 것이다.

이렇게 『大學』은 唐末부터 여러 학자들에 의해 그 가치를 인정받아 재해석되고 개정하면서 宋末 朱子에 의해 「四書」의 지위를 확보하였음을 살펴보았다. 朱子가 『大學章句』를 1189년에 완성했으나 1200년 3월 죽기 사흘 전까지도 『大學』에 대한 訂正의 붓을 놓지 않았다는 사실에서도 그 가치를 극명하게 확인할 수 있을 것이다.

2) 朱子의 『古本大學』 改訂과 問題點

『四書』 중에서 논쟁의 소지가 가장 많은 것이 『大學』이다. 『大學』의 위상 변화와 단행본으로 간행된 과정, 작자에 대한 고증과 개정본의 문제 등 외적인 문제뿐만이 아니라, 내용적인 측면에서도 明德說·格物說·誤字說·錯簡說·闕文說 등 어느 한 가지도 격렬한 논쟁을 일으키지 않은 것이 없다.50) 이러한 문제의 발단은 程子에서 비롯되어 朱子의 『大學章句』에서 더욱 활발히 論議되었다.

朱子가 『大學』을 改編한 구체적 내용은 첫째, 程子의 說을 따라 『大學』 本文의 교정에 힘쓰고 문장의 편차를 고쳐 마침내 첫머리 205字를 '經'으로 하고, 그 이하는 이를 해설하는 1546字를 '傳' 10장으로 나누어 編定하였다. 이는 그 목적이 大學 곧 大人의 학문은 明德·新民·止於至善이라고 하는 三綱領에 있고, 이를 다스리는 次

---

50) 岑溢成 著, 황갑연 譯, 『大學哲學』(원제 『大學義理疏解』), 서광사, 2000, p.11 參照.

例와　節目으로는　格物·致知·誠意·正心·修身·齊家·治國·平天下의　八條目에　있다고　함으로써,　儒學의　규모를　뚜렷하게　나타내는　데　있었다. 둘째, 程子가『大學』을　孔子의　遺書로　규정하였는데　朱子는　이보다　더　나아가　經1章이　孔子의　말이며, 傳10章은　孔子의　제자　曾子의　뜻을　그의　문인이　記錄한　것이라고　규정하였다. 이는　朱子가『大學』一篇을　經書로서의　가치를　지닌　책으로　인정하고, 유학의　발전이라는　맥락　위에　위치를　굳히려고　했기　때문이다. 셋째,『大學』의　저술자를　위와　같이　제정함에　따라　孔子는　중국의　개벽　이후　역대　성인을　이어오면서　가르침을　세웠고　이를　曾子에게, 曾子는　子思·孟子에게　傳해왔다고　하는 '道統의　傳授' 說을　방증하고　있는　것이다. 넷째,『大學章句』는　한낱　예로부터　전래되어　온　訓詁를　종합한　데　그치지　않고　그의　모든　지식을　기울여　學者의　사색과　실천이　근거가　되는　註釋들을　주도면밀하게　集註하여　해설을　붙였다. 특히 '致知在格物'의　傳이　망실된　것으로　판단하고　補亡傳을　지어　자신의　논리를　합리화하였다.

3)『古本大學』과　朱子의『大學章句』

朱子의『大學章句』는　원래『禮記』가운데　수록되어　있는『古本大學』과　비교해　볼　때　순차를　대폭적으로　이동했음을　알　수　있다. 이　새로운　朱子의『大學章句』를『古本大學』과　비교해　보면　順序를　이동한　것이　3군데, 改字가　3字, 删字가　4字, 新作이　1百　34字로써『古本大學』原文의　변동이　매우　심하다고　할　수　있다. 이　이동작업은『大學』이라는　텍스트를　완전히　다른　內容의　것으로　만드는　결정적인　역할을　하게　된다. 朱子가『古本大學』의　編次를　이동시킨　것은

자신의 思想에 걸맞은 경전을 의도한 종합적인 재구성이라고 할 수
있다. 그러나 그 思想的 意圖를 파악하는 작업은 문헌상의 변화를
정확하게 인식하는 데에서 出發할 수밖에 없으므로 그 編次를 이동
한 內容을 살펴본다. 우선 『大學古本』의 全文을 요약하여 그 원래
순서를 편의상 10段으로 구분하면 다음과 같다.

『大學古本』51)
① 大學之道 ～ 其所厚者薄而其所薄者厚 未之有也
② 此謂知本 此謂知之至也
③ 所謂誠其意者 毋自欺也 ～ 故君子必誠其意
④ 詩云瞻彼淇澳 ～ 詩云於戱 ～ 此以沒世不忘也
⑤ 康誥曰(1) ～ 湯之盤銘曰(2) ～ 詩云邦畿千里(3) ～ 與國人交
　　止於信
⑥ 子曰聽訟吾猶人也 ～ 大畏民志 此謂知本
⑦ 所謂修身在正其心者 ～ 此謂修身在正其心
⑧ 所謂齊家在修其身者 ～ 此謂身不修不可齊其家
⑨ 所謂治國必先齊其家者 ～ 此謂治國在齊其家
⑩ 所謂平天下在治其國者 ～ 此謂國不以利爲利以義爲利也

위에서 『古本大學』은 두 가지의 문제점을 지적할 수 있다. 첫째
는 '三綱領'에 대한 해석이 불분명하다는 것이고, 둘째는 '欲誠其意
者先致其知'와 '致知在格物'의 해석문이 모호하다는 것이다.
　　이러한 면에서 朱子는 經1章, 傳10章으로 나누고, 經은 三綱領과
八條目을 統論한 것으로, 傳은 綱領과 條目別 工夫를 細論한 것으

---

51) 『禮記』 卷42.

로 보고,『大學』을 改編하였다.

그런데 원래의 이러한 내용을 朱子는 크게 이동하여 編次를 改訂하였다. 本文의 내용 파악에 앞서 구조체계의 변화만을 우선 考察한다면, 朱子는 위의『古本大學』의 순서를 ①→⑤→④→⑥→②→③→⑦→⑧→⑨→⑩의 순서로 자리이동을 하였다. 또한 朱子는 자리이동에서 그치지 않고 ②와 ③ 사이에「格物補傳」을 삽입하여 전체적으로 새로운『大學』의 구조를 재구성하였다. 결국『古本大學』을 바꾸어 아래와 같은 형태로 바꾼 것이다.

①→⑤→④→⑥→②→「格物補傳」→③→⑦→⑧→⑨→⑩

위에서 가장 두드러진 변화는 ①과 ② 사이에 ④ ⑤ ⑥이 새로 끼어 들어간 점과 格物補傳을 ②와 ③ 사이에 보충한 점이라고 할 수 있다.『古本大學』과 朱子의『大學章句』의 변화를 구별하기 편하게 對照해보면 다음과 같다.

大 學 章 句	古本大學	내 용
經一章 : 三綱領八條目	①	大學之道 ~ 未之有也
傳首章 : 釋明明德	⑤-(1)	康誥曰 ~ 皆自明也
傳二章 : 釋新民	⑤-(2)	湯之盤銘曰 ~ 君子無所不用其極
傳三章 : 釋至於至善	⑤-(3),④	詩云邦畿千里 ~ 沒世不忘也
傳四章 : 釋本末	⑥	子曰聽訟吾猶人也 ~ 此謂知本
傳五章 : 釋格物致知	②, 補傳	此謂知本 此謂知之至也 +「格物補傳」
傳六章 : 釋誠意	③	所謂誠其意者 ~ 故君子必誠其意
傳七章 : 釋正心修身	⑦	古本과 같음
傳八章 : 釋修身齊家	⑧	古本과 같음
傳九章 : 釋齊家治國	⑨	古本과 같음
傳十章 : 釋治國平天下	⑩	古本과 같음

위의 도표에서 우선 볼 수 있는 것은 『古本大學』에 대해 朱子가 세 군데에 걸쳐 대폭적으로 자리이동을 했다는 사실이다.

첫 번째 자리이동은 『古本大學』⑤부분에 속해 있던 '康誥曰克明德 ～ 與國人交止於信'을 『古本大學』①부분인 '未之有也'의 뒤에 옮겨 놓은 것이다. 이 가운데 ⑤--(1)을 傳首章으로 삼고, ⑤--(2)를 傳二章으로, ⑤--(3)을 傳三章의 일부분으로 편입시켰다.

두 번째 자리이동은 『古本大學』④부분의 뒤에 속해 있던 '詩云瞻彼淇澳 ～ 此以沒世不忘也'를 앞에서 이동한 『古本大學』⑤부분의 뒤에 옮겨 놓은 것이다. 이 이동한 ④부분과 앞의 ⑤--(3)을 묶어 傳三章을 구성하였다.

세 번째 자리이동은 『古本大學』⑥부분인 '子曰聽訟吾猶人也 ～ 此謂知本'을 앞에서 이동한 『古本大學』④부분의 뒤에 옮겨놓고 傳四章으로 삼은 것이다.

결과적으로 『古本大學』⑥부분 다음에 ②가 놓이게 되었기 때문에 두 개의 '此謂知本'을 연접해 놓은 구조가 되어버렸다. 이렇게 두 개의 '此謂知本'이 서로 연접되어 있는 것에 대해 朱子는, 『古本大學』②부분의 此謂知本 네 글자가 衍文(필요치 않은 글자가 어떤 다른 이유로 인해 끼어 든 것)이라는 程子의 뜻에 근거하여, 이 중 하나의 '此謂知本'을 衍文이라고 확신하고 뒤의 '此謂知本'을 없애고 '此謂知之至也' 一語 만을 고립된 어구로 만들었다.[52]

朱子는 '此謂知之至也'의 一句에 대해 "따로 闕文이 있어 이는 특별히 그 結語일 뿐이다."[53]라 하였다. 이 부분에 대해 朱子가 가진

---

52) 趙元植, 朱熹와 王守仁의 『大學』이해의 변별성 -格物致知의 解釋을 중심으로-(한국정신문화원, 학위논문), pp.18-20 參照.

53) 『大學章句』大學章句序, "別有闕文 此特其結語耳"

견해는 格物致知야말로 『大學』에서 가장 중요한 대목일 것인데, 이
러한 格物致知에 대한 傳이 없다는 것은 타당하지 않다고 생각한
것이다. 따라서 朱子는 자신이 의도하는 『大學』의 의미를 형성하기
위해서는 『古本大學』에서 누락되었을 것으로 상정되는 格物致知에
대한 결함을 보완해야만 하는 필요성을 느낀 것이다. 朱子는 스스
로 말하기를 "僭諭하여 逃罪할 길이 없는 줄은 잘 안다. 하지만 固
陋함을 잊고서 採集하여, 가만히 나의 뜻을 붙여 그 闕略된 것을
補한다."54)고 밝히며, 程子의 의견을 참조하면서 『古本大學』에서 없
어졌을 것이라고 가정한 格物致知에 대한 傳을 보충하였다.

　　朱子가 『大學章句』를 만들어 『大學』이라는 經典에 變化를 가져온
것은 첫째 『大學』의 뜻을 表章한 점, 둘째 經과 傳을 나누고 綱領
과 條目을 열거해 『大學』사상의 구조체계를 명확하게 제시한 점, 셋
째 『大學』을 四書의 하나로 삼아 四書體系를 통해 儒學思想을 세상
에 보급시킨 점 등을 들 수 있다.

　　특히 개편한 『大學章句』의 부분에 대해 한정시켜 볼 때, 『古本大
學』 ⑤의 부분의 誠意章에 속해 있던 '康誥曰……與國人交止於信'을
『古本大學』 ①부분인 經文의 뒤로 자리를 이동시킴으로써 三綱領의
해석문으로 삼은 것이 가장 큰 特徵이라 할 수 있다. 唐君毅 같은
학자도 朱子가 이 부분을 옮긴 것에 대한 타당성을 높이 評價하였
다.55) 그러나 그는 朱子가 『大學』原文을 옮겨 編次를 새로 정한 것
이 모두 妥當한 것만은 아니고, 몇 가지 측면에서 문제점을 지적할

---

54) 『大學章句序』, "極知 踰無所逃罪 …… 忘其固陋 採而輯之 竊附己意 補
　　其闕略"

55) 唐君毅, 『大學章句辨證及格物致知思想之發展』(中國哲學原論, 導論篇),
　　pp.284-290.

수 있다고 하였다.

첫째, 원래『古本大學』④부분에 속해 있던 '詩云瞻彼淇澳 ~ 詩云於戱 ~ 沒世不忘也'를『古本大學』⑤부분인 '與國人交止於信'의 뒤로 자리를 이동하여『古本大學』의 ④부분과 함께 '止於至善'에 대한 解釋文으로 삼았는데, 이 부분은 오히려 誠意에 대한 해석이라고 보았다.『古本大學』③부분 이하의 '誠意' 章에서 서술한 것을 살펴보면 앞부분에 毋自欺·愼의 공부로 시작하여 誠於中·形於外를 거쳐 끝에 德潤身·心廣體胖의 경지를 언급하고 있다. 이것을 보면『古本大學』④부분에 나오는 '詩云瞻彼淇澳' 속에서 언급된 道學과 自修의 개념은 바로 愼其獨하여 修其德하는 일이라고 할 수 있다. 恂慄과 威儀도 또한 내재한 덕으로써 몸을 윤택하게 하는 것이고, 마음의 廣大함과 貫平함으로 體貌를 빛나게 하는 것으로 이어진다.『古本大學』④의 둘째부분인 '詩云於戱' 속에서 언급된 '君子賢其賢而親其親 小人樂其樂而利其利'라는 내용 또한 바로 군자의 誠意之功으로서 안으로 충실함이 밖으로 나타나 사람들을 감화시킴으로써 백성들로 하여금 沒世不忘하게 하는 것이다. 그러므로 이 부분은 원래 '誠意' 章에 속해 있었던 것이고, 이것이 바로『大學』에서의 誠意의 중요성을 밝힌 대목이라고 볼 수 있다.

둘째, 원래『古本大學』에는 '誠意' 章에 속해 있던『古本大學』⑥부분의 '子曰聽訟 ~ 此謂知本'은 단독으로 한 段을 이루는데 이것을 本末의 解釋文으로 삼은 것 역시 文意의 맥락을 잃은 듯하고, 三綱領과 八條目 밖에 本末이라는 또 하나의 이름을 만들어 傳의 한 章을 만들었으니, 이것 또한『大學』의 전체적인 체계를 考慮할 때 올바른 것이라고 할 수 없을 것이다. 鄭玄의 注에 "聖人之聽訟 必使民無實者不敢盡其辭 大畏民志 使誠其意不敢訟"이라 하였으며,

또한 朱子 注에도 "聖人能使無實之人 不敢盡其虛誕之辭 蓋我之明德 旣明 自然有以畏服民之心志 故訟不待聽而自無也"라 하였으니, 대체로 鄭玄의 注와 朱子의 注는 같은 내용이다. 그러므로 朱子는 또한 이르기를 "大畏民志者 大有以畏服斯民自欺之志"56)라 하였다. 이렇게 볼 때 뜻을 성실히 하여 盛德과 至善으로 백성을 교화한다면 訟事를 일으키거나 감히 허탄한 말을 하는 사람이 없을 것이니, 바로 '誠其意者毋自欺也'의 뜻이다. 따라서 이 부분은 '誠意' 章에 속한다고 보는 것이 文脈상의 意味로 보아 합당한 것 같기 때문에, 朱子가 이 부분을 따로 떼 내어 本末이라는 이름으로 解釋하는 一章을 만든 것은 여러 가지 의문이 가는 부분이다.

셋째, 원래 『古本大學』 ②부분의 '此謂知本 此謂知之至也'에 대해 '此謂知本' 4字를 衍文으로 파악하고 '此謂知之至也'의 위에는 闕文이 있다고 가정하여 따로 補傳을 만들었으나, 이 부분을 둘로 나눈 것은 文脈에 무리가 있다고 보인다. 또한 '此謂知本 此謂知之至也' 一句는 본래 '自天子以至於庶人 壹是皆以修身爲本……未之有也'의 뒤에 접해 있었으므로, '此謂知本'의 직접적인 의미는 '修身爲本'의 뜻을 가리킨 것이고, 간접적인 의미는 '物有本末 事有終始 知所先後'와 孟子의 '天下之本在國 國之本在家 家之本在身'57)의 뜻을 이어받고 있다.

이러한 朱子의 『大學章句』의 編次의 타당성과 문제점을 구별하여 살펴본다. 먼저 『古本大學』의 '此以沒世不忘也'句 뒤의 '康誥曰 極明德…… 與國人交至於信' 一段을 經文 末句 '未之有也' 뒤로 옮겨 三綱領 해석문으로 만든 것은 매우 타당하다고 볼 수 있다. 『大學古

---

56) 『朱子語類』 卷16.
57) 『孟子』 離婁章 上.

本』에서 ‘所謂誠其意者’ 뒤에 섞여 있던 三綱領 해석문은 순서 없이 뒤섞여 『大學』의 체계를 찾을 수 없었던 것이 朱子의 조정으로 체계를 회복하게 된 것이다.

반면에 朱子의 조정은 타당하다고만 볼 수 없는 면이 있다. 이제 그 문제점을 열거해 보면 다음과 같다.

① 古本 誠意章의 ‘詩云瞻彼淇澳 …… 民之不能忘也’, ‘詩云於戲 …… 沒世不忘也’ 二段을 ‘與國人交至於信’ 뒤에 옮겨 ‘止於至善’의 해석문으로 보았는데, 이는 불필요한 작업이었다. 왜냐하면 前段은 愼其獨以修其德의 일을 말한 것이고, 後段은 前王의 誠意之功을 설명한 것이기 때문이다.

② 古本 誠意章의 ‘子曰聽訟 …… 此謂知本’ 一段을 독립된 一章으로 보아 ‘本末’ 해석문으로 여겼는데, 이것도 「大學」의 原義나 체계로 보아 잘못된 것이다.58)

③ 古本의 ‘此謂知本, 此謂知之至也’를 둘로 나누어 ‘此謂知本’은 衍文이라 하고, ‘此謂知之至也’ 一句 위에는 闕文이 있다고 보아 補傳을 지었는데, 이 두 구는 원래 古本에서 ‘自天子以至於庶人 …… 未之有也’의 뒤에 있었던 것으로 가깝게는 ‘修身爲本’을, 멀리는 ‘物

---

58) 鄭玄의 此段에 대한 注에 “聖人之聽訟 必使民無實者不敢盡其辭 大畏民志 使誠其意不敢訟”이라 하였고, 朱子注 역시 “聖人能使無實之人 不敢盡其虛誕之辭 蓋我之明德旣明 自然有以畏服民之心志 故訟不得聽而自無也”라고 하였다. 朱子注와 鄭玄의 注는 대체로 뜻이 같다. 朱子는 또 말하기를 “大畏民志者 大有以畏服斯民自欺之志”(「朱子語類」 卷16)라고 하였다. 이에 의하면 位에 있는 사람이 誠意를 할 줄 알아 盛德至善으로써 化民하게 되면 백성 중 無實하게 興訟하는 자가 끝에 가서는 속이는 말을 하지 않고 그 뜻이 誠하지 않을 수 없게 된다는 소위 “誠其意者 毋自欺也”의 뜻이다. 그러므로 이것은 ‘誠意’ 章에 있는 것이 합리적인 것이며, 本末 해석문으로 보는 것은 근거가 없다.

有本末, 事有終始, 知所先後’와 ‘天下之本在國, 國之本在家, 家之本在身’의 의미를 이어받고 있는 것이다. 이렇게 볼 때 두 句를 분할한 것이라든가 ‘此謂知本’을 衍文이라 한 것 등은 문제가 있다고 볼 수 있다.

4)『大學章句』의 格物致知의 문제

　『大學章句』의 格物補傳59)을 보면 朱子는 格物을 窮理로 해석하고 있다. 이 영향은 지대하여 이후의 학자들이 格物을 모두 窮理로 해석하였던 것이다. 朱子가 이 補傳을 지은 직접적인 원인을 고찰해 보면『大學章句』를 재구성하면서 직면하는 두 가지 문제와 관계가 있음을 알 수 있다. 첫째, 개정한 뒤의『大學章句』는 本末章의 ‘大畏民志此謂知本’과 誠意章의 첫 句 ‘所謂誠其意者’ 사이에 ‘此謂知本此謂知之本也’ 두 句가 있어서, ‘此謂知本’을 衍文으로 처리하고 ‘此謂知之至也’를 結語로 판단하였으니 반드시 빠진 부분을 補完해야 되는 문제가 발생하였다. 둘째, 經과 傳을 나누고 章句를 다시 새롭게 배열한 뒤에『古本大學』의 원래 내용을 고찰할 때 ‘格物致知’에 대한 解釋文이 빠진 것으로 보고, 經文 내용 가운데 보이는 ‘格物而后知至’란 구절에 대한 설명만이 傳에서 보이지 않으므로 ‘此謂知之至也’의 위에 마땅히 格物致知를 언급한 구절이 補充해야만『大學』 전체의 文意가 일관성을 가지고, 經文의 構造體系와 상

---

59)『大學章句』, “所謂致知在格物者　言欲致吾之知　在卽物而窮其理也　蓋人心之靈　莫不有知　而天下之物　莫不有理　有於理有未窮　故其知有不盡也　是以大學始敎　必使學者　卽凡天下之物　莫不因其已知之理　而益窮之　以求至乎其極　至於用力之久　而一旦豁然貫通焉　則衆物之表裏精粗無不到　而吾心之全體大用無不明矣　此謂格物　此謂知之至也”

응한다고 생각하였다. 따라서 이 두 가지 문제점이 朱子가 補傳을 짓게 된 편차구조상의 動機가 되었다.

格物의 개념을 窮理로 해석하게 된 直接的인 原因은 아니다. 補傳의 '卽物而窮其理'로 格物의 뜻을 설명한 것은 오히려 다른 이유가 있었으니, 주자가 '物'자에 대한 해석과 관계가 있다.『大學』의 '物有本末, 事有終始' 두 구절에서 物과 事를 宋代 이전에는 상대적인 것으로 보았다. 物有本末은 意·心·身·家·國·天下를 가리킨 것이고, 事有終始는 誠·正·修·齊·治·平을 가리켜 말한 것이다. 그런데 朱子는 鄭玄의 注 '物猶事也'에 근거하여 해석하였기 때문에 事와 物이 서로 구분되지 않은 채 섞여서, 事物이란 말이 되어 하나의 추상적인 의미를 나타나게 되었다. 그러므로 事와 物이 각각 지칭하는 구체적인 의미를 상실하고 혼용되자 宇宙自然 속의 萬事萬物을 어떻게 '格'해야 하는가는 문제가 발생하였다. 따라서 '事物'은 하나의 추상적인 의미를 가진 말로 되어버렸다. 따라서 事物의 '理'에 따라 事物을 '格物'하는 이외에는 다른 방법이 없는 것처럼 되어버렸다. 朱子가 이렇게 생각하게 된 것은 天下의 事物이 모두 理를 가지고 있다는 思想에서 나온 것이다. 이렇게 볼 때 朱子가 格物에 대한 補傳을 지은 것은 事事物物마다 각각 가지고 있는 事物之理가 本原之理에 근거한 것이므로, 事物의 理를 探究하는 것이 바로 중요한 공부방법이 된다는 생각에 기인한다.

朱子가 格物致知에서 밝히고자 한 것은 '致知在格物'과 '格物而后知至'의 두 마디라고 할 수 있는데, 실제로『大學章句』에서는 '致知在格物'을 말하고 '欲致其知者先格其物'이란 말은 하지 않았다. 致知와 格物은 비록 두 가지 이름이지만 한 가지로 說明하여 두 개의 補傳으로 나누지도 않았다. 그런데 이처럼 致知와 格物을 한가지로 볼 경우 '欲誠其意者先致其知'를 해석하고 따로 '致知在格物'을 해석하지 않은 것은 옳지만, '致知在格物'을 해석하고 '欲誠其意者先致其知'를 해석하지 않은 것은 매우 의혹이 간다. 왜냐하면 誠意에서 致知에 이르는 것이 一貫性을 잃어버리고 그 의미를 정확하게 파악하기 어렵기 때문이다. 補傳에 오로지 '致知在格物'과 '格物而后知至'의 두 마디만을 해석하고, '欲誠其意者先致其知'와 '知至而后誠意'의 두 마디는 해석하지 않았다는 데에 문제가 있다고 볼 수 있다. 『朱子語類』 가운데에는 '知至而后誠意'란 많이 있는데 補傳에서는 포함되어 있지 않으며, 또 朱子의 物이 가지고 있는 理에 대한 것이었음을 지적할 수 있다. 따라서 그는 '天下之物 莫不有理 惟於理有未窮 故其知有不盡也'라고 하였으며, 이에 근거하여 格物致知를 말하였기에 한편으로는 誠意와의 관련이 모호하고, 다른 한편으로는 物의 理에 도달하여 物을 놓치고 있다. 그러므로 唐君毅는 朱子의 補傳은 커다란 의미가 없으며, 그 補하는 개정작업 자체도 大學原文에 꼭 필요할까 하는 의문이 들게 된다는 견해를 피력하였다.60)

그러나 일반적인 의미로 보면 朱子가 『大學』을 表章하여 중요시함으로써 『大學』의 사상체계가 조리 있게 드러났고, 또 四書의 하나가 되어 『大學』사상의 보급에 큰 역할을 하였다고 할 수 있다. 그런데 朱子의 『大學章句』가 공헌한 점은 부인할 수 없을 것이다.

위에서 살펴본 것처럼 『大學』의 재구성 작업에 담긴 朱子의 의도에 상기한 문제점들이 지적됨에도 불구하고, 새로운 『大學』 精神을 창조하려고 한 朱子의 입장은 『大學章句』 序文에서 상세하게 기술하고 있다. 그는 우선 天人關係에 기초한 性善說을 전제하고, 과거

---

60) 唐君毅, 『大學章句辨證及格物致知思想之發展』(中國哲學原論, 導論篇), pp.248-290.

대학의 敎育內容과 製作科程을 설명하면서, 大學의 敎育理念이 君主가 民生의 彝倫을 躬行心得하는 것이 根本임을 강조한다. 이어서 道統意識을 표출하여 자신의 개정작업을 정당화하고 있음을 볼 수 있다. 또한 『大學』의 編次가 매우 放失하여 대학개정의 이유와 分章하게 된 까닭을 說明하고, 아울러 格致補傳을 보충하였음을 밝혔다. 이러한 『大學章句』序文만을 보아도 朱子가 『大學章句』를 통해 궁극적으로 밝히고자 한 것은 孔子의 經文과 曾子의 傳文을 조리 있게 천명하고자 하였으니, 바로 格物致知는 이러한 목적을 이루는 첫 단계로서 그가 매우 중시하였음을 알 수 있다. 그러면서 그는 國家의 化民成俗과 學者의 修己治人의 방도가 되기를 염원하였던 것이다.[61]

2. 晦齋 『大學章句補遺』의 分析

1) 『大學章句補遺』의 編次

앞에서 살펴본 바와 같이 晦齋는 乙巳士禍의 여파인 良才驛 壁書事件으로 江界로 귀양을 가서 明宗 4년(1549년)에 그곳에서 『大學章句補遺』, 『續大學或問』을 지었다. 晦齋는 『大學』이 孔子로부터 시작하여 宋代 程子·朱子로 이어지는, 소위 ‘道統의 傳’으로 계승된 것이라고 보고, 『大學』의 著作者는 朱子와 마찬가지로 曾子와 그의 門人으로 보고 있다.

---

61) 『大學章句』 大學章句序, “古者 大學敎人之法 聖經賢傳之指粲然復明於世……於國家化民成俗 學者修己治人之方 則未必無小補云”

옛날 聖人의 教化하는 法은 綱領이 있고 條目이 있는데, 孔子는
이것을 講明하여 그 弟子에게 傳授하시고, 曾子는 이것을 記述하여
후세에 전하였으니 그 淵源이 있음을 상고할 수 있다. ……秦나라
때 焚書한 뒤에 聖人의 시대는 멀어지고 聖人의 말은 湮滅된 지
千餘年이나 되었다. 다행히 하늘이 斯文(儒學)을 멸하지 않으므로
程子·朱子 등 여러 君子가 나와 이『大學』을 表章하였다.[62]

라고 하여『大學』의 著者를 曾子와 그의 門人으로 보고 있다.

　그러나 晦齋가『大學』의 編次 순서를 朱子와 달리한 것은 그 특유
의 經學이라는 차원에서 오늘날도 논의가 되고 있다.『大學章句補遺』
라는 書名에서 보는 바와 같이 朱子의『大學章句』를 따르고 있지만,
編次와 格物致知에 대한 인식에서는 朱子와 견해를 달리하고 있다.

(1)『大學章句』와『大學章句補遺』의 比較

　朱子의『大學章句』와 晦齋의『大學章句補遺』의 구조를 비교해보
면 상이한 점이 몇 가지 있다. 晦齋도『大學』을 經文과 傳文으로
나누어 보고 있으면서도 朱子의 編次를 수정하고 있는데 내용은 다
음 두 가지로 들 수 있다.

　첫째, 格物致知의 傳文은 원래『古本大學』안에 있으니, '知止' 節
과 '物有' 節이 이에 해당된다고 하였다. 다만 '知止' 節과 '物有' 節
을 서로 位置를 바꾸어 놓았다.[63] 그리고 '此謂知本'을 衍文으로 보
고, '此謂知之至也'를 結語를 삼았다.

---

62)『大學章句補遺』大學章句補遺序, "古昔聖人 敎人之法 有綱有目 孔子講
　　而明之 以授其徒 曾子述之 以傳于世 其淵源所自亦可考矣……秦火之餘
　　聖遠言湮 千有餘載 幸而天未喪斯文程子出 而乃始表章此篇"
63) 이 점은 中國의 蔡淸(號 虛齋, 明人)의 說과 같다.

둘째, '聽訟' 節을 朱子는 傳4章으로 하여 '本末'을 해석한 것으로 보았으나, 晦齋는 이것을 經文의 마지막 結語로 보아64) 朱子의 '本末' 章을 없애고 전체 經1章, 傳9章으로 편정하였다. 이는 그가 '聽訟' 節을 程伊川의 改本에 근거하여 經文에 넣은 것으로, 朱子의 說을 부정하고 있는 것이다.

우선 첫째 문제에 대해 晦齋는 『大學章句補遺』序에서 다음과 같이 설명하고 있다.

다만 恨되는 것은 聖經 賢傳의 글이 斷篇缺字가 없을 수 없고 文辭의 意義도 따라서 완전하지 못하여 學者가 완전한 글을 얻어 볼 수 없으니 이것이 진실로 千古의 遺憾인 것이다. 朱子가 그 '結語' 한 句를 얻어 그것이 格物致知의 뜻을 해석한 것인 줄 알았으나 그 앞부분 글을 얻지 못했으므로 마침내 程子의 뜻을 취하여 그것을 補充하였으니 初學에 있어서의 窮理의 요령을 발명한 것은 매우 잘 갖추어졌다고 하겠다. 그러나 나는 일찍이 『大學』을 읽다가 이 章에 이르러 언제나 本文을 얻어 볼 수 없는 점을 한탄하였었다. 근세에 와서 中國에 大儒가 있어 그 闕文을 篇中에서 얻어 다시 『大學章句』를 著述했다는 말을 들었으나, 그것을 얻어 보고자 하였으나 볼 수가 없었다. 이에 감히 나의 臆見으로 經文 중의 두 節을 취하여 '格物致知' 傳文으로 만들고, 얼마 동안 반복완미 하였더니, 즉 文辭도 만족스럽고 意義도 명백하여 經文에도 결점이 없으면서 傳文에도

---

64) 退溪는 '聽訟' 節 역시 修己治人에 本末이 있다는 것을 말한 것이라 보고, 그것 역시 綱領의 結語로 보아야 한다고 한다. 그리고 經文에 비록 本末에 대한 말이 없어도 學者가 修己治人에 있어 本末을 모르면 안되므로 傳者가 특별히 本末 두 字를 들어내어 설명하였다고 한다. 朱子를 그대로 따르고 있다. 『退溪先生文集』 內集, 『退溪全書』上 所收, p.304, 栗谷은 '聽訟' 한 節을 별도로 釋本末章으로 만든 것을 평소 옳지 않다고 생각하였다 하면서, 晦齋처럼 그것을 經文의 끝에 넣지 않은가 본다고 한다. (『栗谷全書』, 卷14, 「晦齋大學章句補遺後議」 參照.)

보충이 되고, 또 上下 文義와도 脈絡이 통하였다. 비록 晦庵(朱子)
이 다시 세상에 나더라도 또한 이것을 취할 것이다.65)

　　晦齋는 朱子가 '此謂知之至也'를 格物章의 結語로 보아 補傳한 것
을 회의적으로 생각하던 중 經文의 '物有'節과 '知止'節 二段을 格物
의 傳文으로 編次를 고침으로써 朱子의 補傳을 부정하고 있다.

　　그 다음 둘째 문제에 대해서도 晦齋는 '聽訟' 一節은 孔子의 말이고
또 그 내용으로 보아 經文에 들어가야 옳으며,『中庸』卒章의 표현방
법과 程子(伊川)의 改本이 그것을 뒷받침하고 있다고 말하고 있다.

　　또 살펴보건대 '聽訟' 한 節은 이제 傳三章의 뒤에 있으므로 文
義가 連續이 안 되어 의심나는 점이 있는지라 이에 程子의 所定에
依據하여 經文의 下에 옮겨 두고 그 뜻을 자세히 吟味해 본즉『中
庸』卒章의 "(詩云)予懷明德 不大聲以色 子曰聲色之於化民 末也"66)
라고 한 것과 "奏假無言 時靡有爭 不賞而民勸 不怒而民威於鈇
鉞"67)이란 뜻과 부합하게 된다. 이것은 聖人이 根本을 바로잡고 백

---

65)『大學章句補遺』大學章句補遺序, "獨恨聖經賢傳之文　不能無斷缺　辭義
　　未完　學者不得見全書　此眞千古遺憾　朱子得其結語一句　知其爲釋格物致
　　知之義　而未得其文　遂取程子之義以補之　其所以發明始學窮理之要　亦甚
　　明備　然愚嘗讀至於此　每歎本文之未得見　近歲聞中朝有大儒　得其闕文於
　　篇中　更著章句　欲得見之　而不可得　乃敢以臆見　取經文中二節　以爲格物
　　致知章之文　旣而反覆叅玩　辭足義明　無欠於經文　而有補於傳義　又與上
　　下文義　脉絡貫通　雖晦庵復起　亦或有取於斯矣"

66)『詩經』에 이르기를 "내 그대(文王)의 밝은 德을 생각하노니, 소리와
　　낯빛을 크게 하지 않는도다."라고 하였거늘, 孔子께서 말씀하시기를
　　"소리와 낯빛은 백성들을 교화시킴에 있어서는 末端이다."라고 하셨다.

67)『詩經』에 이르기를 "나아가 神明에 降臨케 함에 말이 없는지라 그때
　　에 다투는 이 하나도 없었네."라고 하였거니와, 그러므로 君子는 賞주
　　지 않아도 백성들은 힘쓰며, 성내지 않아도 백성들은 그를 도끼보다

성을 敎化시키는 要道인 까닭으로 曾子는 經文 章末에 와서 孔子
의 말씀을 引用하여 그 뜻을 밝혔으니 程子도 이에 있어서 어찌
見解가 없었으리요.68)

晦齋에게 師事한 바 있는 盧守愼69)은 『大學章句補遺』跋文에서
이 사실을 中國 諸儒와 비교하면서 다음과 같이 簡明하게 說明하고
있다.

이에 董文靖公은 특히 '知止', '物有', '聽訟' 세 節을 抾出하여 '格
物致知'의 傳文을 만들었고,70) 王栢·黃震·宋濂·方孝儒·蔡淸 등
의 견해도 모두 다 같았다. 오직 盧齋(蔡淸)만은 中間의 '物有' 節
로써 첫머리에 두었으니 우리 先生님의 학설과 부합되었다.71) 다
만 우리 선생님이 그 末節(聽訟)로 首章의 經文에 連結시키어 結

더 두려워하느니라.

68) 『大學章句補遺』 大學章句補遺序, "又按聽訟一節 今在傳三章之後 文義
不屬 有可疑者 乃依程子所定 置於經文之下 詳味其義 與中庸卒章 予懷
明德 不大聲以色 子曰 聲色之於化民 末也 奏假無言 時靡有爭 不賞而
民勸 不怒而民威於鈇鉞之意合 此蓋聖人端本化民之要道也 故曾子於經
文章末 引孔子之言 以明之 程子於此 豈無所見乎"

69) 盧守愼(1515~1590, 字 寡悔, 號 蘇齋)은 27세 때에 晦齋에게 存心의
要를 물은 일이 있다고 한다. 『東儒師友錄』, 『國朝人物考』 參照.

70) 董文靖公은 宋人 董槐인데, 그는 經文이라고 朱子가 보았던 "知止而后
有定……則近道矣" 42字를 "子曰 聽訟……此謂知本"앞에 옮기고, 이것
을 傳4章으로 하여 格物致知의 傳文으로 보았다. 宋人 葉夢鼎·王栢 등
도 같은 설을 주장하였다. (蔡仁厚, 『宋明理學(南宋篇)』, p.166 參照.)

71) 蔡淸은 "物有本末……則近道矣"와 "知止而后有定…慮而后能得"을 順
서를 바꾸어 놓고, 그 다음에 '聽訟'節을 잇고, 또 그 다음에 "此謂知
之至也"를 이어 이것으로써 格物傳文으로 보았다. "知止而后有定……
慮而后能得"과 "物有本末……則近道矣"의 前後節을 倒置한 것이 晦齋
와 같다는 말이다. (蔡仁厚, 『宋明理學(南宋篇)』, p.166 參照.)

語를 만들면서 "程子를 따른다."고 한 것은 그들과 다른 점이다.72)

　　晦齋는 '聽訟' 節을 經文으로 넣어 修身을 말하는 '爲本' 節과 연결시켰다. 이는 朱子 및 中國 諸儒에 비교해 보면 그 內容으로 보아 '格物致知'의 傳文은 아니라고 한 점은 매우 독창적인 見解임이 分明하다.73) 이에 대한 晦齋의 論辨이 『續大學或問』에 자세히 언급되고 있다.74)

　　이제 『大學章句補遺』와 『續大學或問』을 分析하면서 앞에서 말한 두 가지 編次 수정문제를 비롯하여 晦齋의 『大學』에 대한 全般的인 見解를 『續大學或問』의 敍述 順序에 따라 살펴보기로 한다.

(2) 『大學章句補遺』의 編次와 改訂의 論據

　　晦齋가 개정한 編次의 特徵은 『大學章句』의 '聽訟' 節을 經文의 結語로 삼은 것과 '知止' 節을 '物有' 節과 단락을 바꾸어 '此謂知本 此謂知之至也'를 합하여 格物致知를 해석한 傳4章으로 삼은 것이다. 곧 그는 『大學章句』의 傳4章을 없애고, 經1章·傳9章으로 編次한 것이다.

---

72) 『大學章句補遺』 大學章句補遺跋, "乃董文靖公 特拈知止物有聽訟三節 爲格致傳如王黃宋方蔡公 諸見皆同 惟盧齋 以中節居首 至吾先生說 與之暗合若符節 但斷以其末節 上係經文爲結語 曰從程子者爲獨異"

73) 近者의 唐君毅 같은 이는 '聽訟' 節은 그 내용상 格物致知의 傳文은 물론 아니고, 그것은 '誠意' 傳文으로 보아야 한다고 한다. 이 小節의 뜻은 능히 誠意하여 盛德至善에 이르러 백성들을 感化시키게 되면 무고한 말로 爭訟을 일으키지 못하게 만든다는 것이므로 誠意의 效果를 말한 것으로 보아 '誠意' 章에 속하여야 한다고 한다. 唐君毅, 『大學章句辨證及格物致知思想之發展』(中國哲學原論, 導論篇), p.180 參照.

74) 이동희, 「李晦齋의 經學思想」 ─『大學章句補遺』의 分析 ─(『晦齋 李彦迪의 哲學과 政治思想』, 默民記念事業會, 博英社, 2000), pp.222-227 參照.

그러면 그가 編次를 개정한 것에 대해 자세히 살펴보기로 하겠다. 우선 '聽訟' 節을 經文의 結語로 삼은 점에 대하여 살펴보기로 한다.

晦齋는 개편의 근거로 程伊川이 이 절을 經文 末尾로 옮겨 놓은 것[75]과 『中庸』 卒章에서 子思가 『詩經』의 詩를 引用한 뒤 孔子의 말을 끌어다 증명했다는 점을 들었다.[76] 그러나 이 대목의 개정 論據는 후자에 중점을 두고 있다. 晦齋는 옛날 사람들이 祖述하여 지을 때에는 옛 성현의 말을 취해 결론을 맺었던 점을 强調하면서 『論語』와 『中庸』, 『孟子』에 그런 예가 많은 점을 들었다.[77] 그도 朱子처럼 『大學』의 經文은 孔子의 말을 曾子가 祖述한 것이고, 傳文은 曾子의 뜻을 문인들이 記錄한 것으로 보았다. 그런 觀點에서 그는 다른 經傳과 마찬가지로 曾子가 孔子의 말을 引用해 結論지은 것이라고 확신하였다.[78]

한편 그는 이 '聽訟' 節에 대해 文義의 접속을 꼼꼼하게 따져, 朱

---

75) 程伊川은 '子曰 聽訟 吾猶人也……'를 '其所厚者薄 而其所薄者厚 未之有也' 뒤로 옮긴 뒤, 중복되는 '此謂知本' 4자를 빼고 뒤의 '此謂知本 此謂知之至也'를 합해 經文으로 삼았다.

76) 『大學章句補遺』 大學章句補遺序, "又按聽訟一節 今在傳三章之後 文義不屬 有可疑者 乃依程子所定 置於經文之下 詳味其義 與中庸卒章 〈詩曰〉 予懷明德 不大聲以色 子曰 聲色之於以化民 末也 〈詩曰〉 奏假無言 時靡有爭 〈是故 君子〉 不賞而民勸 不怒而民威於鈇鉞之意合 此蓋聖人端本化民之要道也 故曾子於經文末章 引孔子之言以明之 程子於此 豈無所見乎"

77) 『續大學或問』, "曰古人述作 必取古昔聖賢之言 以結之 如孔門弟子述論語二十篇 終之以堯舜之言 以明聖學之淵源 有自來也 子思作中庸 或於章首 或於章末 多引孔子之言 以證之 至於卒章 又引詩及夫子之言 以終之 所以明一篇之旨 皆本於夫子之所傳也 孟子七篇之中 亦多此例 曾子述大學經文 章末引孔子之言 以結之者 亦此意也"

78) 『大學章句補遺』, "謹按 經文蓋曾子述夫子之意而立敎 故章末引夫子之言以結之"

子가 ‘本末’로 해석한 것에 찬성하지 않았다. 그는 傳文은 三綱領·八條目을 해석한 것으로 ‘本末’에 대해 별도의 章을 만들어 해석할 리가 없다고 보아, 이 節을 明德을 가진 통치자가 사람들 마음을 감동시킨 功效로 보았다. 그는 이 節이 治國·平天下의 要道이기 때문에 八條目 다음에 本末의 所在[79]를 말하고 孔子의 말을 引用해 끝맺은 것으로 結論지었다.

다음으로 그의 格致章을 살펴보면 ‘知止’ 節을 ‘物有’ 節을 옮겨 차례를 바꾸어 ‘此謂知本 此謂知之至也’를 합하여 傳4章으로 삼고 格物致知를 해석한 것으로 보았다. 그는 中國의 大儒가 그 闕文(格物致知에 대한 해석)을 篇中에서 얻어 다시 章句를 저술했다는 말을 들었으나 그 글을 볼 수가 없어 臆見으로 經文의 두 절을 취해 格物致知章을 삼았다고 술회하였다[80]고 그 직접적인 동기를 저술하고 있다.

그러면 晦齋는 무슨 근거로 經文에 들어 있던 ‘知止而后有定 …… 慮而后能得’을 ‘物有本末 …… 則近道矣’의 차례로 옮기고 ‘此謂知本 此謂知之至也’을 합하여 傳4章으로 삼았는가? 그는 “致知의 要點은 父止於慈 子止於孝의 類처럼 마땅히 至善이 있는 바를 아는 것이다.”라는 程伊川의 말과, “‘知止……’라고 한 것은 物이 이른 뒤에 知가 지극해져서 천하의 일에 모두 그 至善이 있는 바를 앎이 있는 것이다.”라는 朱子의 말을 格物致知를 解釋한 말로 보았다.[81]

---

79) ‘本末의 所在’란 이 절 앞의 “自天子以至於庶人 壹是皆以修身爲本 其本亂而末治者 否矣 其所厚者薄 而豈所薄者厚 未之有也”를 가리킨다.

80) 『大學章句補遺』 大學章句補遺序, “愚嘗讀至於此 每歎本文之未得見 近歲聞中朝有大儒 得其闕文於篇中 更著章句 欲得見之 而不可得 乃敢以臆見 取經文中二節 以爲格物致知章之文”

81) 『續大學或問』, “又曰 致知之要 當知至善之所在 如父止於慈 子止於孝之

곧 晦齋는 이 節 첫 구의 ‘知止而后有定’의 ‘止’를 ‘止於至善’으로 보
아 ‘知止’를 ‘知止於至善’으로 보았는데 朱子는 ‘止’를 ‘所當止之地 卽
至善之所在也’라 보고 ‘知止’를 ‘知善之所在’로 보았다.

이처럼 晦齋는 이 節을 格物致知를 해석한 것으로 보고 晦齋는
‘此謂知本 此謂知之至也’와 합하여 한 장으로 만들었다. 그리고 뒤의
八條目을 해석한 첫 구의 형식처럼 ‘物有本末’ 앞에 ‘所謂致知在格物
者’라는 8字가 있었는데 逸失된 것으로 보았으니,82) 그의 格物章은
‘所謂致知在格物者 物有本末 事有終始 …… 慮而后能得 此謂知本 此
謂知之至也’로 되어 있다.

晦齋의 이 說은 董槐·王柏·蔡淸·唐君毅 등의 解釋에서 확인할
수 있는바, 충분히 客觀的인 說得力을 갖는다.

2) 『大學章句補遺』의 特徵

(1) ‘聽訟’節을 經文의 結語로 보는 見解

晦齋가 『大學』의 ‘聽訟’ 節을 經文의 末尾에다 옮겨 놓은 것에 대
해서는 經文의 ‘修身爲本’과의 연관에 그 근거를 두고 있다. 晦齋 자
신이 『大學章句補遺』에서 이 節에 自註하여 “天下의 근본은 國에
있고, 國의 근본은 家에 있고, 家의 근본은 身에 있으니, 능히 身을
修하고 家를 正하여 政事에 베풀어 나가면 民德이 스스로 새로워져
서 爭訟이 없어질 것이다.”83)라고 하여, 爲政者가 修身을 근본으로

類 朱子又言 知止云者 物格知至 而於天下知事 皆有以知其至善之所在
也 則程朱亦以此兩節爲格物致知之意 明矣”

82) 『大學章句補遺』傳4章 註釋, “章首疑有所謂致知在格物者八字 而今亡矣”

83) 『大學章句補遺』, “天下之本在國 國之本在家 家之本在身 故有能修身正

삼아 이에 주력할 때 그 效用이 '無訟'에 이르게 됨을 밝혀 '修身爲
本'의 節에 연관시킨 것이다. 그는 또 經典의 構成體系나 文理上으
로 이렇게 볼 수밖에 없다는 견해를 피력하여 『論語』에도 二十篇을
기술함에 堯舜의 말로써 맺어 聖學의 淵源이 이에서 유래됨을 밝혔
고, 子思가 『中庸』을 지을 때도 章首와 章末에 孔子의 말을 인용하
여 증명한 것이 많고, 卒章에 이르러 詩와 孔子의 말로서 결어로
삼아서 한 篇의 뜻을 밝힌 것은 다 孔子의 전한 바를 根本한 것이
라고 하였으며,84) 또한 文理上으로도 朱子의 編次에서 이 '聽訟' 一
節만이 傳三章의 뒤에 있음으로써 위아래로 三綱領과 八條目의 文
義와 전혀 이어지지 않는다고 밝히고 있다.85)

  원래 '聽訟' 一節은 『古本大學』에는 錯簡되어 '止於信' 아래 있었
는데, 程伊川이 改本을 만들면서 經文의 끝으로 옮겼고,86) 朱子는
이와 달리 傳4章으로 삼은 것이다. 晦齋가 朱子의 說을 버리고 程
子의 說을 따르는 근거는 다음 두 가지로 제시되고 있다.

  첫째, 古人이 述作할 때에는 옛 聖賢의 말을 結語로 삼는 수가
많기 때문에 曾子도 『大學』을 記述할 때 그렇게 했으리라는 것이다.
晦齋는 말하기를,

      家 以施于政 則民德自新 而爭訟息矣"
84) 『續大學或問』, "古人述作 必取古昔聖賢之言以結之 如孔門弟子 述論語
     二十篇 終之以堯舜之言 以明聖學之淵源有自來也 子思作中庸 或於首章
     或於章末 多引夫子之言以證之 至於卒章 又引詩及夫子之言以終之 所以
     明一篇之旨 皆本於夫子之所傳也"
85) 『續大學或問』, "且深味傳文 未有文理不屬 而脈絡不貫者 獨此一節 置於
     傳三章之後 與上下文義 都不相屬"
86) 『大學或問』, "聽訟一章 鄭本 元在止於信之後 正心修身之前 程子又進而
     置之 經文之下 此謂知之至也之上"

古人이 述作할 적에 반드시 옛 聖賢의 말을 取하여 結語로 만들었다. 그 예로 孔子의 弟子가 『論語』 二十篇을 記述하면서 堯·舜의 말로써 結語로 삼아 聖學의 淵源이 근원이 있음을 밝혔고, 子思가 『中庸』을 지을 적에 혹은 章首에든지 혹은 章末에든지 孔子의 말을 引用하여 증거한 것이 많았으며 卒章에서 詩와 孔子의 말을 인용하여 結語를 만들었으니 『中庸』 一篇의 뜻이 모두 孔子의 전한 바에 根本한 것임을 밝힌 까닭이다. 『孟子』 七篇 중에도 또한 이러한 예가 많았다. 曾子도 『大學』을 記述할 적에 經文의 章末에는 孔子의 말을 인용하여 結語로 한 것 또한 이러한 뜻이다.87)

라고 하였다.

둘째, 『大學章句』의 '本末' 章에 대한 타당성 여부이다. 文理上으로도 前後와 접속이 잘되지 않고, 또 三綱領·八條目을 해석하고 있으면서 그 綱領·條目과는 상관없이 '本末' 章이 들어가 있다는 것이다. 晦齋는 또 말하기를,

朱子의 『大學章句』 傳文을 깊이 吟味하여 보면 文理가 連續되지 않고 脈絡이 貫通되지 않는 것은 없는데 다만 이 한 節만이 傳三章의 뒤에 있으므로 위아래의 文義와 전혀 連續되지 않는다. 또 『大學』의 書가 처음에 '明明德', '新民', '止於至善'을 설명하여 한 篇의 綱領으로 삼고 다음에 八條目을 설명하여 三綱領의 뜻을 밝히고 있다. 또 傳義를 만들어 三綱領·八條目의 뜻을 發揮시켰으니, 그 중간에 별도로 한 章을 만들어 經文을 해석하여 本末의 뜻으로 맺

---

87) 『續大學或問』, "曰古人述作 必取古昔聖賢之言以結之 如孔門弟子 述論語二十篇 終之以堯舜之言 以明聖學之淵源有自來也 子思作中庸 或於章首 或於章末 多引夫子之言以證之 至於卒章 又引詩及夫子之言以終之 所以明一篇之旨 皆本於夫子之所傳也 孟子七篇之中 亦多此例 曾子述大學 經文章末 引孔子之言以結之者 亦此意也"

었다는 것은 온당하지 않다. 이제 程子가 編定한 바에 의거하여 經
文의 아래에 두면 이 한 節이 한 章의 結語가 되어 文義가 절실하
고 의미도 깊게 된다. 소위 '使無訟'이란 것은 대개 治國 · 平天下의
道가 聽訟의 밝음에 있지 않고 本源을 맑게 하여 人心을 감동시키
는 데 있음을 말하는 것이다.[88]

라고 하였다. 또 그는 『大學章句補遺』 '聽訟' 節에서 다음과 같이 註
釋하고 있다.

　　天下의 本은 나라에 있고, 나라의 本은 집에 있고, 집의 本은 몸
에 있다. 그러므로 修身 · 齊家하여 그것이 政事에 시행되면 民德이
스스로 새로워져 爭訟이 없어진다. 마치 虞 · 芮의 人君이 田을 두
고 爭訟을 하다가 文王의 德에 감화되어 文王에게 가서 중재를 감
히 청하지도 못할 형세가 되었다는 말처럼 그 感化의 妙가 자연히
그렇게 된 것과 같은 것이다. 이것이 聖人의 明德 · 新民의 효험으
로서 이것에 의해 天下가 和平해지는 것이다. '大畏民志'란 『中庸』
에서 말한바 人君이 賞주지 않아도 백성들은 힘쓰며, 성내지 않아
도 백성들은 그를 형벌[斧鉞]보다 더 두려워한다는 뜻이다.[89]

---

88) 『續大學或問』, "且深味傳文　未有文理不屬　而脈絡不貫者　獨此一節　置於
　　傳三章之後　與上下文義　都不相屬　又見大學之書　首言明明德新民止至善
　　以爲一篇之綱領　次言八條目　以明三綱領之義　又爲傳義　以發揮三綱領八
　　條目之意　不應其間別爲一章　以釋經文　結語本末之義也　今依程子所定
　　而置於經文之下　則此一節爲一章之結語　文義要切　而意味深長　所謂使無
　　訟者　蓋言治國平天下之道　不在於聽理之明　而在於端本淸源而感人心也"

89) 『大學章句補遺』, "天下之本在國　國之本在家　家之本在身　故有能修身正
　　家　以施于政　則民德自新　而爭訟息矣　如虞芮[1]質成　不敢履文王之庭　感
　　化之妙　自有不期然而者　此乃聖人　明德新民之效　而天下之所由平也　大
　　畏民志　如中庸所謂　不賞而民勸　不怒而民威於鈇鉞之意"

라고 하여 그는 '聽訟'이 治國의 要點이기 때문에 經文이 틀림없다고 확신하였다. 이는 '聽訟' 節은 綱領 條目에 들어 있지 않고, 내용상으로 볼 때 明德, 新民의 效用이라고 판단하여 經文의 結語임을 확신하면서 朱子가 다시 태어나면 이를 취할 것이라고 자부한 것이다.

(2) 格物致知에 관한 見解

晦齋는 大學章句改訂에 대해 確信을 가졌고, 特히 格物致知傳은 "朱子가 다시 살아오더라도 이에서 取할 바가 있을 것이다."[90] 라고 하여 『大學章句補遺』에서 格物致知를 補遺하였는데 그 特徵을 다음과 같이 살펴볼 수 있다.

가. 物兼事

朱子의 『大學章句』에서 '物有本末'로 三綱領의 結文으로 삼았고, 格物致知의 뜻은 따로 補亡章을 만들어 서로 다른 입장에서 말한 物을 말하였다. 晦齋는 이에 대해 『大學章句補遺』는 '物有' 一節에 '知止' 一節을 더하여 格物致知傳으로 삼음으로써 同一槪念의 物로 보고 있다. 物과 事의 關係도 朱子는 '物猶事'로 表現하였으나 晦齋는 '物卽兼事'로 表現하였다. 이 節에서 그 差異點을 比較하면 晦齋 哲學의 特性을 밝힐 수 있을 것이다.

'物有' 一節에 대한 朱子의 見解는 앞 節에서 자세히 說明하였다. '格物致知'에 대해 살펴보면 '致知在格物'의 注에서 "格은 至이다. 物은 事와 같다. 事物의 理를 窮至하여 그 窮極處에 이르지 않음이 없도록 하려 한다."[91]고 했고, '格物而后知至' 中 格物에 대해 注하

---

90) 『大學章句補遺』 大學章句補遺序, "晦庵復起 亦或有取於斯矣"

여 "格物이란 것은 物理之極處에 이르지 않음이 없다."92)고 했다. 이는 '物猶事'라 하여 人事의 問題와 關聯을 맺고 있으나 人事에 局限된 것이 아니라 存在自體로서의 物에 대한 문제까지 확산시킨 것을 알 수 있다. 어떤 이들은 物을 六藝 또는 事理로 把握하기도 하지만93) 朱子는 '格致補亡章'에서 '天下之物'과 '衆物'로서 表現하고 있으니 이는 莊子가 存在自體로서의 物을 말한 것과 같이94) "무릇 聲色과 形象이 있어 天地間에 가득찬 것이 모두 物이다."95)라고 한 것에서도 陽明學의 '物卽事'와는 다름을 알 수 있다. 물론 朱子도 도처에서 人事를 包含한 物을 함께 말하고 있으니 孟子 離婁下章에 '舜明於庶物'을 注하여 '物은 事物이다.'라 했고, 또 告子上篇에 '耳目之官 不思而蔽於物'을 注하여 "무릇 事物이 이를 적에는 마음이 그 할 직분을 바르게 하면 事物의 理致를 얻어서 物慾이 마음을 가리지 못한다."96)고 했다. 그러나 朱子의 格致說은 도덕적 지식의 객관성 확보와 절대성 부여에 있어서 그 외연을 千事萬物까지 극대화하고 있다.

이러한 朱子의 견해에 대해 晦齋는 '物有' 一節을 格物에 대한 해석으로 삼음으로써 결코 事를 배제하지 않은 物을 말하고 있다. 『大學章句補遺』의 '物有' 一節에 대한 注에서 "무릇 天下萬物庶事는 本末終始가 있지 않음이 없다."97)고 했고, '知止' 一節에 대한 注에서

---

91) 『大學章句』 經1章, "格至也 物猶事也 窮至事物之理 欲其極處無不到也"

92) 『大學章句』 經一章, "格物者 物理之極處 無不到也"

93) 顧兆駿, 『儒家倫理思想』, 正中書局印行, p.74, 王雲五, 『先秦敎學思想』, 臺灣商務印書館印行, p.32.

94) 『莊子』 達生篇, "凡有貌象而色者 皆物也"

95) 『大學或問』, "凡有聲色貌象而盈於天地之間者 皆物也"

96) 『孟子』 告子章句上, "凡事物之來 心得其職 則得其理而物不能蔽"

"方寸之間에 事事物物이 모두 定理가 있다."98)고 하여 事物을 함께 말하고 있다.

그러나 그 輕重에 대한 견해를 보면

> 致知의 要는 또한 마땅히 緩急先後의 序가 있어 가까운데서 말미암아 먼 데에 이르고 人倫으로 말미암아 庶物에 이르니 반드시 至善의 所在를 보고, 그 止할 바를 아는 것이다. 몸과 마음의 日用之實에 절실한 것이지 外物이 아니다. 만약 이에 힘쓰지 않고 헛되이 萬物之理를 보려 하면 이는 바로 程子가 大軍을 몰아 너무 멀리 나가 노닐어 돌아올 바가 없다고 한 것과 같다.99)

고 하여 人事에 대한 探究에서 庶物에 미쳐 가는 것이니 다만 人事를 버리고 萬物之理를 얻을 수는 없다고 한다. 이것은 '物卽事'의 陽明學的 立場과는 다르니 物之理에 대한 探究를 人事를 중심으로 시작하려는 주체에 대한 강조로 볼 수 있다. 그리고

> 物은 天에 根本한 것이고 事는 人間에 의해 만들어진 것으로 物은 物이고 事는 事이나 홀로 物만 말하면 事는 그 속에 兼하는 것이다.100)

---

97) 『大學章句補遺』, "凡天下萬物庶事 莫不有本末終始"

98) 『大學章句補遺』, "方寸之間 事事物物 皆有定理"

99) 『大學章句補遺』, "致知之要 亦宜緩急之序 由近而及於遠 由人倫而及於庶物 必有以見至善之所在 而知其所止 皆切於身心日用之實 而非外物也 若不務此 而徒欲泛然 以觀萬物之理 則正如程子所謂 大軍之遊騎 出太遠而無所歸也"

100) 『續大學或問』, "以其本於天者而言之則謂之物 以其作於人者而言之則謂之事 對言則物是物 事是事 獨言物則兼事在其中 如君臣父子夫婦昆弟朋友物也 君臣之義 父子之親 夫婦之別 昆弟之愛 朋友之信 我之理而

라고 하여 인간과의 關係 속에 把握했으며 또 物과 事를 나누어 物은 父子, 君臣, 夫婦, 昆弟, 朋友이며 事는 親, 義, 別, 愛, 信이라 했다. 그러나 晦齋는 人倫만이 아니라 禮樂·喪祭·爲治도 모두 物로 보았다.

이른바 物이라 할 때 여러 가지로 分類가 可能하니 感覺對象으로서 實在하는 物體와 思惟對象으로서의 抽象的 槪念으로 나눌 수도 있고 知識探究의 對象과 道德倫理의 實踐對象으로 나눌 수도 있을 것이다. 晦齋는 오직 인간과의 關係 속에 道德倫理의 實踐對象으로 物을 把握하였으며 이것은 外物에 대한 관심보다 人間主體의 內面에 대한 관심이 주를 이룬 晦齋의 哲學의 歸結이라 하겠다. 이와 같은 晦齋의 인간 주체적 도덕실천의 사상은 다음 節의 '以慮爲思'의 問題와 '知行'의 問題에서 더 구체적으로 살펴볼 수 있다.

晦齋가 '物有'와 '知止' 두 小節을 가지고 格物致知의 傳文으로 본 근거는 어디에 있는가. 그는 그 근거에 대해 程伊川의 말과 朱子의 말을 인용하여

> 程子가 말하기를 '致知의 要는 마땅히 至善의 所在를 알아야 할 것이니, 父는 慈에 止하고, 子는 孝에 止하는 類이라'고 하였으며, 朱子도 '知止란 것은 格物致知하여 天下의 일에 모두 그 至善의 所在를 알게 되는 것이다.'라고 하였으니, 程子·朱子도 또한 이 두 節로써 格物致知의 뜻을 삼은 것이 명백하다.101)

著於事者也 禮樂之本 在於中和 而其威儀音律則末也 喪祭之本 在於哀誠 而其節文度數則末也 爲治之本 在於明德而刑政法度則末也"

101) 『續大學或問』, "曰程子言格物者 適道之始 思欲格物 則固已近道矣 又曰 致知之要 當知至善之所在 如父止於慈 子止於孝之類 朱子又云 知止云者 物格知至 而於天下之事 皆有以知其至善之所在也 則程朱亦以此兩節 爲格物致知之意明矣"

고 하여 程子·朱子가 '知止'와 格物致知의 대상으로서의 '止於至善'과의 연계성에 대해 설명한 것을 朱子의 『大學或問』 속에서 찾아 引用하고 있다.

晦齋의 이러한 見解는 매우 妥當性이 있다. '致知'의 '知'는 '知止'의 知, '知至'의 知를 다 포함하는 것이 『大學』 原文의 원래의 뜻인 것이다.102) 그렇다면 程子·朱子가 '格物'의 측면에서는 天下萬物의 個個物物마다 '卽物窮理'해야 한다는 주장을 왜 하며 또 그것이 위의 '知止'와는 어떤 관계가 있는가. 사실 이것은 朱子學의 한계이면서 특색인 소위 '物理=道理'라고 하는 '理'의 二重性 내지 連繫性 때문이다.103)

---

102) 朱子의 格物補傳을 부정하고 『古本大學』에 闕略이 없으면 그 속에서 格物의 補傳의 傳義를 찾아낼 수 있다고 생각한 것이 宋 以後의 諸儒의 합치된 견해였다. 근래의 唐君毅 같은 학자는 이러한 諸儒의 辨證을 종합하고 부족한 부분은 재검토 보충하여 새로운 章句를 만들었는데, 그 속에서 정리된 '致知'의 知는 '知止'의 知, '知所先後'의 知, '知本'의 知, '知至'의 知와 동일한 의미의 知로 되어 있다. 그러므로 晦齋가 格物補傳을 인정하지 않고 格物致知의 뜻을 『大學』 原文에서 찾았을 때 '致知'의 知와 '知止'의 知를 연관시켜 본 것은 당연하다. 唐君毅 의 新編章句 및 '知'의 의미에 대해서는 앞의 책 蔡仁厚, 『宋明理學(南宋篇)』, pp.177~178 參照.

103) 朱子에 있어서는 일종의 〈倫理的 理(道理)〉와 일종의 〈自然法的 理(物理)〉가 同一形式으로 파악되고 있다. 『朱子語類』 속의 「物理卽道理」(卷15, 鍾震錄)라는 말의 뜻은 예를 들면, 牛·馬·木·舟·車의 物理와 日用人倫 事爲의 人間의 規範이 동일하게 파악되고 있다는 것이다. 소위 事物의 規律(法則)의 探究라고 하는 天文學과 같은 연구에 있어서도 오늘날 관점에서 볼 때 완벽한 과학적 정신 아래 행해진 것이 아닌 점을 발견할 수 있는 것이다. 이러한 理의 二重構造는 太極에서는 統體太極·各具太極, 格物致知說에서는 所以然之故·所當然之則으로 설명되고 있다. 자세한 것은 友枝龍太郎, 『朱子의 思想形成』(東京: 春秋社, 1969년), pp.346-348, pp.357-360 參照.

그런데 程子·朱子를 비롯하여 先儒들이 '知止'와 '致知'의 상관성을 알면서도 이것을 格致傳文으로 삼지 않은 것은 왜 그런가. 晦齋는 이에 대해 "그 '知止'란 것이 '止於至善'의 아래에 連續된 까닭으로 先儒들은 그것이 經文인 줄 알고 감히 옮기지 못했던 것이다."[104] 라고 하고, 이어서 자기의 『大學章句補遺』처럼 조정하면 文脈上 순조롭다고 한다. 晦齋는 다음과 같이 말하기를 "이 두 節을 三綱領 八條目의 사이에 두면 그다지 緊切한 의미가 없어도 이것을 옮겨서 格物致知章의 글로 한다면 그 뜻의 包含된 것이 매우 광대하여 經文에도 결함이 없으며 傳義에도 보충이 있을 것이다."[105] 라고 하여 확신을 밝히고 있다.

그러나 程子·朱子가 '知止'를 傳義로 생각하지 않은 것은 經文인 줄 알았기 때문이 아니라 사실은 그들의 사상적 입장이 主知主義的이었기 때문이다.[106]

朱子는 '格物'을 모든 사물[物]의 理를 窮究하는 것으로 보았다.[107] 그런데 晦齋는 '格物致知'의 傳文을 '物有本末' 小節로 봄으

104） 『續大學或問』, "但其知云者 屬於止於至善之下 故先儒意其爲經文 而不敢移易也"

105） 『續大學或問』, "惟此兩節 置於三綱領八條目之間 無甚緊切意味 而移之爲格物致知章之文 其意之所包甚廣 無欠於經文 而有補於傳義"

106） 李東熙, 「朱子의 大學章句에 대한 硏究」(『東洋哲學硏究』제2집 所收) 參照.

107） 鄭玄이 「物有本末, 事有終始」條의 註에서 '物, 猶事也'라고 한 이후 朱子도 陽明도 모두 '事'로써 '物'을 해석하였다. 朱子는 '物有本末'條 註에서 「明德爲本, 新民爲末, 知止爲始, 能得爲終」이라고 하였다. 朱子의 이 說에 대해 宋人 黎立武가 최초로 반대하고 物과 事를 구분하여 "物有本末 指心身家國天下而言 事有終始指格致誠正修齊治平而言 由心身而推之天下 自本而末也 由平治而溯之格物 終必有始也"라고 하고 있다(黎立武, 『大學本旨』, 『大學彙函』, 中國子學名著集成本 所

로써 '格物'의 대상을 자연 '物有本末, 事有終始'라고 보게 되었다. 즉 '物有本末, 事有終始'를 아는 것이 바로 格物致知라는 것이다. 晦齋는 말하기를,

事物이 本末과 終始가 없는 것이 없으니, 이제 그 가장 가깝고 큰 것으로써 말한다면, 禮樂의 本은 中和에 있으므로 그 威儀·音律은 末인 것이며, 喪祭의 本은 哀誠에 있으므로 그 節文度數는 末인 것이며, 政治하는 本은 明德에 있으므로 刑政·法度는 末인 것이며, 學問하는 道는 掃灑·應對에서 시작하여 窮理·盡性에서 마치고, 格物·致知에서 시작하여 治國·平天下에서 마치게 되니, 類例를 미루어 말한다면 天地의 큰 것으로부터 만물만사의 繁多에 이르기까지 모두 그렇지 않은 것이 없다. 그러므로 大學에서 처음 가르칠 적에 반드시 學者들로 하여금 모든 天下의 事物에 나아가서 그 本末 終始의 理를 窮究하여 이르지 않음이 없게 하고, 그 窮究하는 것도 또한 반드시 그 重한 것을 먼저 하고 그 輕한 것을 뒤에 하며, 그 急한 바를 먼저 하고 그 緩한 바를 뒤에 하니 進德·修業

收, p.4). 黎氏의 說과 같이 物과 事의 각각 지시하는 내용이 있다고 한다면 '明德', '新民'은 '事'이지 '物有本末'의 '物'이 아니다. 『大學』의 원 뜻은 對句 형식을 빌려 物과 事의 本末終始의 상관성을 설명하려고 한 것이다. 그런데 朱子는 '物有本末, 事有終始, 知所先後'를 三綱領의 結語로 봄으로써 '格物致知'는 이 세 句와 아무런 상관성이 없게 되었다. 事와 物이 구분되지 않고 합하여 말하여지게 되자 事物은 하나의 추상적인 의미를 가진 말로 되어 버렸고, 따라서 天地萬物을 어떻게 格하느냐 하는 문제가 생기게 되었다. 여기에서 朱子는 格物補傳을 創作하게 된 것이다. 中國에서 宋 以後 이 物·事에 대해 黎氏와 같이 보려는 사람은 매우 많았고, 우리나라에 있어서도 西溪 朴世堂, 茶山 丁若鏞도 그렇게 보고 있다. 그러나 晦齋는 格物의 傳文은 『大學』原文 내에서 찾았으나, 物·事의 내용은 黎氏·西溪·茶山처럼 『大學』原文 내에서 찾지 않고 보편적인 事物로 보고 있다. 다만 朱子는 보편적인 事物의 理를 문제삼았으나 晦齋는 보편적인 事物의 本末終始를 문제삼고 있는 것이 다를 뿐이다.

이 整然히 순서가 있어 머지않아 그 道에 이르는 것이다. 이미 物理
의 本末終始를 窮究할 줄 알아 마땅히 머무를 곳을 알면 마음에서
事事物物이 각기 定理가 있으므로 마음에 妄動 危殆의 累가 없게
되며 그 思慮가 더욱 밝아져서 物理의 미묘한 점을 다 窮究하여 마
음에 自得이 있을 것이다. 이것은 格物致知의 要法인데, 이 두 節에
그 뜻을 具備되었으므로 보충을 더 기다릴 필요가 없는 것이다.[108]

그 다음 문제는 '物有本末, 事有終始'에서의 物과 事라는 개념의
內包와 外延 문제 및 이것과 '格物'의 '物'과의 관계에서의 문제이다.
그리하여 晦齋는 위 설명에 이어 "이 章의 旨는 格物致知를 주로
하였는데, 事를 겸해 말한 것은 무슨 이유인가."라 自問하고, 物과
事에 대해 말하기를,

　　天에 根本한 것으로써 말하면 物이라 이르고, 人이 作爲한 것으
　로써 말하면 事라 하는데, 상대적으로 말하면, 物은 物이고 事는 事
　이다. 다만 物만 말한다면 事가 그중에 있는 것을 兼하고 있다. 예
　를 들면, 君臣 · 父子 · 夫婦 · 昆弟 · 朋友는 物이고, 君臣의 義 · 父子
　의 親 · 夫婦의 別 · 昆弟의 愛 · 朋友의 信은 物의 理로서 事에 나타
　난 것이다.[109]

---

108) 『續大學或問』, "天下之事物　莫不有本末終始　今且以其最近而大者言之
　　禮樂之本　在於中和　而其威儀音律則末也　喪祭之本　在於哀誠　而其節文
　　度數則末也　爲治之本　在於明德　而刑政法度則末也　爲學之道　始於灑掃
　　應對　而終於窮理盡性　始於格物致知　而終於治國平天下　推類而言　自天
　　地之大　以至萬物萬事之繁　莫不皆然　故大學始敎　必使學者　卽凡天下之
　　事物　莫不窮其本末終始之理　無所不至　而其窮之也　亦必先其重　而後其
　　輕　先其所急　而後其所緩　則進德修業　循循[1]有序　而其至於道也不遠矣
　　旣能窮格物理之本末終始　而知其所當止之地　則方寸之間　事事物物　各
　　有定理　而心無妄動危殆之累　其思慮益明　可以盡物理之微妙　而有得於
　　心矣　此乃格物致知之要法　只此兩節　其義已備　不必有待於補益矣"

라고 하여, 이는 父子·君臣처럼 사람이 부여받은 신분 등이 物이며, 慈·孝의 親과 禮·忠의 義 같은 당위적 도리가 事라는 것이므로 父子와 君臣을 말하면, 親과 義가 당연히 그 가운데 내재하고 있는 것을 兼한다는 것이다. 이는 朝鮮後期 西溪 朴世堂·茶山 丁若鏞 등의 物事論과는 견해가 다르다. 즉 그들이 ‘物’은 ‘意·心·身·家·國·天下’를, ‘事’는 ‘誠·正·修·齊·治·平’을 가리킨다고 본 데 대해 晦齋는 五倫의 例를 들어 설명하면서 五倫의 인간관계의 지칭인 君臣·父子 등은 ‘物’이고, 義·親 등의 施行은 ‘事’라고 보았다. 즉 그는 ‘物·事’를 일반적인 모든 ‘事物’의 뜻으로 보았다.

孔穎達의 疏에는 이 節을 ‘能得’의 뒤를 잇는 문장으로 보고, “事에 있어 올바름을 얻으면 天下萬物에는 本도 있고 末도 있으며, 百事를 經營하는 데는 終도 있고 始도 있다.”라고 해석하고 있는데, 朱子는 ‘本’은 ‘明德’을, ‘末’은 ‘新民’을, ‘始’는 ‘知止’를 ‘終’은 ‘能得’을 가리킨다고 하고, 또 이 文章 이하 “知所先後, 則近道矣”는 ‘知止’, ‘物有’ 두 節의 의미를 맺는 結語라고 보고 있다. 朱子가 이와 같이 本末終始를 하나하나 上文의 事項에 대비시킨 것은 지나친 穿鑿이라고 할 수 있다. 오히려 晦齋처럼 보는 것이 타당하다.[110] 物·事를 꼭 구분한다면 物은 처리해야 할 ‘物件’, 事는 해야 할 ‘業務’이지만, 중요한 것은 『大學』의 原義는 物·事를 對擧하여 ‘天下의 事物’이라는 뜻을 나타내려고 한 것만은 분명하다.

---

109) 『續大學或問』, “以其本於天者而言之 則謂之物 以其作於人者而言之 則謂之事 對言則物是物事是事 獨言物則兼事在其中 如君臣父子夫婦昆弟朋友 物也 君臣之義 父子之親 夫婦有別 昆弟之愛 朋友之信 物之理而著於事者也”

110) 日本의 朝川善庵(『大學原本釋義』)의 견해도 같다. 赤塚忠, 『大學·中庸』(新釋漢文大系 2, 東京: 明治書房, 1974년), p.42 參照.

晦齋는 이러한 物事論에 의거하여 本末도 "五倫의 理가 心에 存한 것은 本이고 事에 나타난 것은 末이다." 하는 식으로 本은 五倫에 대한 道德心의 內在, 末은 그것의 구체적 실천행위(事)라고까지 확대 해석한다. 이것은 앞에서 본 君臣·父子 등을 '物'로 볼 때의 '物有本末'의 설명과는 잘 연결되지 않는 것 같지만, 실은 이것은 晦齋가 '物·事'를 일반적인 '事物'로 본 데서 연유한 것이다. 그리하여 晦齋에게 있어서는 事物이 중요한 것이 아니라 이 事物의 條理가 더 중요시된다. 이에 대해 晦齋는 다음과 같이 말한다.

> 五者의 理가 心에 存한 것은 本이고, 事에 나타난 것은 末이다. 交際가 禮節에 있음에 어릴 때는 사랑할 줄 알고 長成해서는 공경할 줄 아는 것은 始이고, 각기 그 法度를 따라 그 道를 다하기를 終身토록 衰微해지지 않게 하는 것은 終이다. 心에 存하지 않고 그 事를 잘 처리하는 것은 없으며, 그 始를 먼저 하지 않고 그 終을 잘 처리하는 것도 없는 것이다. 그렇다면 "物有本末, 事有終始"의 뜻이 포함하는 바가 매우 광범한데, 朱子가 다만 '明德', '新民'으로써 物의 本末로 삼고, '知止', '能得'으로써 事의 終始로 삼았으니 그 뜻이 偏狹하고 두루 다하지 못한 듯하다.[111]

이어서 晦齋는 『論語』, 『孟子』, 『中庸』, 『大學』, 『詩經』, 『書經』, 『易』, 『禮記』 등에서 '本末終始'에 관한 말을 인용하고, '格物致知'란 바로 物理에 本末終始가 있는 것을 아는 것이라 단정하면서,

---

111) 『續大學或問』, "五者之理　在乎心者　本也　顯於事者　末也　交際之有禮　孩提而知愛　及長而知敬　始也　各循其則　而盡其道　至於沒身不衰者　終也　未有不存於心　而能善其事者也　未有不先其始　而能善其終者也　然則物有本末　事有終始之意　所該甚廣　朱子獨以明德新民　爲物之本末　知止能得　爲事之終始　其意偏而不周矣"

　　대개 學者가 格物致知에 뜻을 두면서 物理의 本末終始가 있는
것을 알지 못한다면 그 아는 바와 얻은 바가 輕重의 차례와 先後
의 순서를 잃고 마침내 道에 들어가지 못하게 될 것이다. 지금 세
상에 學問을 講求하지 않으므로 道가 밝지 못하여 學問을 하고 忠
誠을 하고 孝道를 하는 자가 本을 버리고 末을 일삼으며, 始는 있
어도 終은 없으며, 혹은 전혀 그 本末終始의 所在를 잃고 마침내
敗亂에 이른 자가 많으니 이것은 이 章의 뜻을 講明하지 않은 데
기인한 것이다.112)

라고 하였다. 그리고 ‘格物致知’가 物理의 本末終始를 아는 것이라
하더라도 거기에는 다시 ‘緩急先後’가 있기 때문에 가까운 일부터
始作하여 人倫에서 庶物로 미쳐나가는 방법이 중요시된다. 물론 여
기서의 事의 ‘緩急先後’를 깨달아 判斷하는 것은 物의 ‘本末終始’의
소재를 알아보고 止하는 것과 유사하다고 하겠다. 晦齋는 이에 대
해서,

　　致知의 要는 또 緩急先後의 順序가 반드시 있으며, 가까운 데서
먼 데로, 人倫에서 庶物로 나아간다. 반드시 거기에서 至善의 所在
를 보고 그 止할 바를 알아야 그 ‘所知’, ‘所得’이 모두 心身의 日常
的 움직임에 절실한 것이 되고 外物이 안 되는 것이다. 만약 이렇
게 힘쓰지 않고 막연히 物의 理를 보려고만 하면 이는 마치 程子
가 말한 바 "大軍이 遊騎할 때 너무 멀리 나가 돌아오지 않는다."
라는 것과 같으니 이 점 살피지 않으면 안 된다.113)

---

112)『續大學或問』, "蓋學者 有志於格物致知 而不知物理之有本終始 則其所
　　知所傳 或始輕重之論 先後之序 而終無以入於道矣 今世學不講 而道不
　　明 爲學爲治爲忠爲孝者 或遺本而事於末 或有始而無其終 或專失其本
　　末終始之所在 而卒至於敗亂者多矣 由其不講乎此章之義故也"

113)『大學章句補遺』, "謹按致知之要 亦宜有緩急之序 由近而及於遠 由人倫

라고 하였다. 至善의 所在를 바로 알아 心得하고 나의 心身에 切實한 상태로 가치의 內面化가 이루어져야 한다는 것이다. 막연히 物理만을 쫓는다면 外物밖에 되지 않으므로 체득할 수가 없으니 格物致知의 功效를 전연 기대하지 못하게 된다. 따라서 格物致知의 功效는 至善의 실천, 곧 明明德이다. 新民, 知止와 能得을 緩急先後에 따라 두루 실천하는 데 있다고 하겠다.

이런 晦齋의 해석은 '사물의 이치를 끝까지 窮究하여 들어가 그 궁극적인 곳에 이르지 않음이 없고자 하는 것'114)이라는 朱子의 抽象的인 解釋과는 달리 物理의 本末·終始를 구분할 줄 아는 것을 의미한다. 요컨대, 格物致知의 의미를 朱子의 觀念的 解釋에서 현실의 실제적인 일로 풀이했다는 데 의의가 있다고 하겠다.

나. 以慮爲思

'知止' 一節中 '慮而后能得'에서 朱子는 '慮'를 '處事精詳'이라 하였고 또 '慮는 思의 精審'이라 하였는데 晦齋는 『大學章句補遺』에서 慮는 思라고 하였다. 본래 '安而后能慮'는 顔子가 아니면 能히 할 수 없다고 하여 가장 어려운 대목으로 여겼으며 思慮 또는 思索하여 能得함이 다름 아닌 哲學하는 것이다.115) 그런데 이 慮字를 朱子와 晦齋가 모두 思를 빌려 說明하였으나 兩人의 見解는 같지 않음이 있다.

　　而及於庶物　必有以見至善之所在　而知其所止　然後其所知所得　皆切於身心日用之實　而非外物也　若不務此　而徒欲泛然　以觀萬物之理　則正如程子所謂　大軍之遊騎　出太遠而無所歸也　此又不可不察"

114)『大學章句』 經1章, "窮至事物之理　欲其極處無不到也"

115) 安炳周 外, 『儒學原論』, 成均館大出版部, 1992. p.65.

먼저 字學的인 面을 考察하면 說文에 思는 睿容이며 從心恖聲이
라 했고, 慮는 謀思이며 從恖虍聲이라 했다.116) 그 差異를 段玉裁의
注와 『康熙字典』을 통해 보면 思는 머릿속에서 마음속까지 실과 같
이 끊이지 않고 서로 연결된 意味이며 慮는 圖謀하는 意味로 詳審
의 뜻을 兼한 것이다.117) 卽 思는 包括的 意味로 知를 통한 認識과
心을 통한 體得을 함께 지니며 어떤 具體的 目的性을 갖지 않는 全
體性으로 나타나고 慮는 思의 部分的 意味로 知를 통한 認識이며
思에 비해 目的性을 지니고 또 심찰하는 의미를 지닌다.

그런데 晦齋는 慮와 思의 關係를 猶나 兼과 같은 用語를 빌지 않
고 慮는 思라 하여 직접 연결시키고 있다. 이 問題는 晦齋가 "朱子
또한 慮는 思의 精審이라 했으니 慮의 思됨에 어찌 疑心이 있겠는
가."118)라고 한 것을 보아 慮가 思와 같지 않음을 알면서 오히려
의미를 확산시킨 것이 아닐까 한다. 晦齋가 말한 以慮爲思의 근거
를 보면,

　　程子가 이른바 能히 그 知를 致하면 思가 날로 더욱 밝아진다고
　한 것이 이것이다. 무릇 格物하여 知止하면 事物當然之則에 모두
　定見이 있게 되어 마음에 妄動이 없고 危殆로운 잘못이 없어 思가
　더욱 밝아질 것이다. 思가 밝아지면 또 物理의 所以然을 精密하게
　研究하여 마음에 얻어질 것이다.119)

116) 『說文解字注』, 段五裁撰 藝文印書局, p.506, 「說文解字眞本」 二冊 卷
　　10 下 臺灣中華書局 參照.
117) 『康熙字典』上, "思按語 說文從心恖聲 恖頂門骨空 自恖至心如絲相貫不
　　絶 慮按語 訓謀思 然兼有詳審之義"
118) 『續大學或問』, "愚於大學 認至善爲中 認慮爲思者 皆本於先聖賢之意
　　而非愚之牽合杜撰也"
119) 『大學章句補遺』, "程子所謂 能致其知 則思日益明者是也 蓋格物而知止

라고 하였다.

또 孟子 告子上의 "생각하면 얻고 생각하지 않으면 얻지 못한다."를 인용하였으며 "程子가 思慮하면 마음 가운데 즐거움을 얻는다고 한 것이 바로 이를 말함이니 靜·安·慮가 모두 마음에 대한 말로써 下章의 誠意正心의 功을 일으키는 것이다."[120)]라고 하였다. 또한 晦齋는 能得을 '有得於心'으로 보았으니 朱子가 앞에 引用한 孟子의 '思則得之'를 注하여 "마음은 능히 생각할 수 있으니 思로써 그 職을 삼는다."고 하여 思를 心의 기능으로 파악한 점과 일치한다고 하겠으나 朱子는 能得을 得其所止라 한 데 비해 晦齋가 心得으로 본 것은 晦齋의 철학의 특징의 일면을 잘 드러낸 것이라고 할 수 있다. 晦齋는 또 中庸 二十章의 '愼思之'에 대해 隻峯饒氏가 注한 "思는 반드시 삼간 後에 學問의 얻은 바를 精密하게 硏究하여 스스로 마음에 얻는다."[121)]라는 말을 들어 引證했으니 '愼思之'는 心智的 處理인 것이다.[122)] 晦齋는 이어 程子의 "思慮가 오래된 후에 睿가 自然 생겨나니 만약 一事 上에 생각하여 얻지 못하면 달리 一事를 바꾸어 생각한다." 한 것과 "깊이 생각하지 않으면 道를 이룰 수 없으니 깊이 생각하지 않고 얻은 것은 쉽게 잃는다."고 한 것을 引用하고 또 "思慮하여 마음 가운데 즐거움이 있어 沛然히 남음이

　　則於事物當然之則 皆有定見而心無妄動危殆之累 其思慮益明矣 思之明則又有以精硏物理之所以然 而有得於心矣"

120) 『大學章句補遺』, "程子所得思慮有得 中心悅豫者 正謂是也 曰靜 曰安 曰慮 皆就心上說 以起下章誠意正心之功"

121) 『中庸章句』 第二十章, "思必謹然後有以精硏其學問之所得"

122) "博學之 審問之 愼思之 明辨之 篤行之"의 다섯 가지는 科學方法의 要素가 있다고 前揭하고 「愼思之」는 心智的 處理라고 하였다. (王雲五. 『先秦儒學思想』, 台北商務印書館, 民國 59. p.9 參照.)

있는 것이 實得이니 어찌 窮理正心之學이 思를 말미암지 않고서 얻을 수 있겠는가." 한 말로 引證하였다.[123] 이는 思慮를 통한 明察로 心得해야만 實得할 수 있다는 것이다. 따라서 思는 聖功의 本이라는 朱子의 말을 引用한 데에도 思를 통한 心得이 바로 聖學의 功效임을 밝힌 것을 알 수 있다. 그러므로 "知止에서 始作하여 能靜, 能安하더라도 다시 致思하지 못하면 暗昏해져서 얻음이 없다."[124]고 했다. 이에 대해 栗谷은 "以慮爲思는 크게 어그러지지는 않으나 思는 格物之路니, 당초부터 思하지 않으면 知止而有定이 없다."[125]고 했다. 그러나 晦齋가 '思慮益明'이라 한 점을 볼 때 결코 格物之初에 思가 있어야 함을 認定하지 않는 것이 아니다. 前述한 바와 같이 知止가 所當然을 아는 것이고 能得이 所以然을 아는 것으로 보았던 것이다. 인간이 當然之理와 그 所以然之理를 體得할 때 當然之理에 대한 自覺을 通해 所以然之理를 터득하는 것이며 그것이 인간 마음의 靈覺能力에 基因한다고 볼 때 當然한 歸結인 것이다. 즉 物의 理라 하더라도 그 理가 감각으로 돌아와서 아는 것이 아니고 마음의 靈覺能力에 의해 體得되는 것이며 이것은 窮極的으로 當然理에 대한 자각을 통해 그 所以然을 體得할 수밖에 없는 것이다.[126] 이

---

123) 『續大學或問』, "思慮久後睿自然生 若於一事上思不得 別換一事思之 又曰 不深思 則不能造於道 不深思而得者 其得易失 又曰 思慮有得 中心悅豫 沛然有裕者 乃是實得也 安有爲窮理正心之學 而不由思以得者乎 蓋知止而有定 則於天下之物 皆有以知其所當然之則 而心無妄動危殆之累 其思慮益明矣 思之明 則又有以研窮物理之所以然 而有得於心矣"

124) 『續大學或問』, "若或知止而至於靜安 不復致思焉則將至於昏而無得矣"

125) 『栗谷全書』 卷14, 「大學章句補遺後議」, "以慮爲思 雖不大悖 但思是格物之路 當初不思則無以知止而有定矣"

126) 柳仁熙 「程朱의 人性論」(『東洋哲學의 本體論과 人性論』, 東洋哲學研究會.) p.260 參照. 柳仁熙는 여기서 當然理를 통해 所以然을 알아 가

때에 當然之理 또한 當然之則이란 實處에 드러난 理이며 所以然之
理란 根源者로서의 理인 것이다. 上記한 바와 같이 以慮爲思를 心
得과의 關聯 속에 把握해 볼 때 認識知만이 아닌 價値와의 연관 속
에 心得知로 확산한 것이 분명하며 그것이 所當然者에 대한 體證에
의해 所以然者를 心得한다고 볼 때 知之事만이 아닌 行之事의 문제
와 연결될 수 있을 것이다.

  '知止'에서 '能得'까지 소위 '知止'에 대한 晦齋의 견해는,『大學章
句補遺』에서 朱子의 『大學章句』說을 버리고,『大學或問』에서 引用,
傳寫하고 있다. 그러나 朱子의『大學』에 대한 理解에 부정적이기보
다는『大學或問』의 說을 인용하여 晦齋 자신의 견해를 논리화하고
있다고 하겠다.

  朱子는『大學章句』에서는 '慮'를 '處事精詳', '得'을 '得其所止'라고
풀이하고,『大學或問』에서는 '安而后能慮'를 '日用之間 從用閑暇 事
至物來 極深硏幾 無不各得其所止之地而止之矣'라고 하고 있다. 그러
므로 朱子에 있어 '慮'의 뜻은 "일을 자세히 처리하는 것" 또한 "일
에 따라 理를 보고 더 깊이 자세히 살펴서 至善의 所在를 알아내는
것"이라고 하였다.

  이에 대해 그는 慮는 思라고 하여 소위 '생각한다.'라고 풀이한
다.127) 또 朱子가 得은 得其所止라고 하여 知止가 知의 문제라면

____

  는 過程을 逆覺體證이라는 用語로 表現하고 있다.

127) 晦齋가 '慮'를 '思'라고 해석한 데 대하여 栗谷은 慮를 思로 본 것은
    큰 잘못은 아니나 思 자체가 格物의 방법이므로 思하지 않고는 '知
    止'하여 '有定'할 수 없는 것이다. 그러므로 格物致知 외에 다시 思의
    공부가 있다는 것은 맞지 않는 것이다. 그러므로 先賢이 慮를 知와
    行 사이에 두고 '臨事精詳'이라고 말한 것인데, 이것이 아마 定論일
    것이다. 所當然과 所以然을 아는 것이 格物致知인데, 만약 所以然을

得은 行의 문제로서 '至善을 알아' "(至善)에 머무름 바를 얻었다." 하는 식으로 知止와 能得까지의 중간 과정을 생략하면 知止와 能得은 知行合一의 세계를 段階的으로 나누어 기술한 데 불과하다. 그러기 때문에 知도 止於至善이요 行도 止於至善이다.

그런데 晦齋는 이 得을 得於心이라고 풀이한다. 이것 역시 孟子의 '思則得之'의 그 得의 의미다. 그 이유를 推論하면 대개 다음과 같이 볼 수 있다.

첫째, 晦齋는 앞에서 본 바와 같이 '知止' 節을 格物致知의 傳文으로 봄으로써 '能慮', '能得'을 '格物'과 연관시켜 해석할 필요가 있었다. 따라서 朱子처럼 行의 측면에서 보지 않고 知의 측면에서 '慮 · 得'을 해석하였다.

둘째, 晦齋는 '知止' 節을 格物致知의 傳文으로 봄으로써 이것과 그 다음에 바로 연결되는 '誠意正心'과의 相互 關聯性을 고려하였다. 그리하여 '誠意正心'의 內心의 세계와 '慮 · 得'이 연결되려면 '慮 · 得'이 그렇게 知的 世界에 속하는 것으로 해석되어야 한다는 것이다.

그리하여 晦齋는 『續大學或問』에서 '知止' 節의 慮는 곧 思라는 견해를 반증하기 위하여 『論語』의 '學而不思則罔', 『中庸』의 '博學 · 審問 · 愼思 · 明辯'과 '不思, 思之不得不措', 『孟子』의 '思則得之, 不思則不得'을 비롯하여 周子 · 程子 · 朱子의 思 또는 慮에 대한 말을 인

모르면 아마 '知止'라고 말하지 못할 것이다. '定 · 靜' 이하는 바로 知의 功效로서 정도가 점점 더 높아지는 것을 말한다. 이것은 孔子의 "不惑, 知天命……과 같이 단계가 있는 것과는 다른 것이다."라고 하여 朱子의 格物致知說에 의하여 慮를 知의 세계만이 아닌 知行 세계의 일로 보아야 한다고 말한다. 그러나 晦齋는 '知止' 小節을 格物致知의 傳文으로 봄으로써 慮는 知의 세계의 작용이라고 할 '思'로 해석하는 것이다. (『栗谷全書』, 卷14, 「晦齋大學章句補遺後義」參照)

용하고 있다. 晦齋는 程子의 "思慮에 얻는 바가 있으면 마음이 기쁘고 여유가 생기니 이것이 바로 實得이다."라는 말을 引用하고 난 다음 이어서 말하기를, "어찌 窮理正心之學을 하면서 思에 말미암지 않고 心에 얻을 수 있겠는가."128) 라고 하고 있다. 이로써 晦齋의 慮 · 得의 해석은 확고하며, '知止' 節을 格物致知의 傳文이라 본 것과 相關되는 論理展開임을 다시 확인할 수 있다.

朱子는 『大學章句』에서 '安'을 '所處而安'으로, '慮'를 '處事精詳'으로, '得'을 '得其所止'로 해석하였다. 이에 반해 晦齋는 '安'을 '安於所止'로, '慮'를 '思'로, '得'을 '得於心'으로 해석하였다. 朱子가 이렇게 解釋한 理由는 다음과 같은 晦齋의 말에서 찾을 수 있다.

知止하여 定이 있게 되면 천하의 사물에 모두 그 당연한 법칙을 앎이 있게 되어 마음에 妄動 · 危殆한 잘못이 없고, 그 思慮는 더욱 밝게 된다. 思가 밝아지면 또 物理의 所以然을 硏窮함이 있어 마음에 터득함이 있게 된다. 만약 知止하여 靜 · 安에 이르고서도 다시 그 점을 생각하지 않는다면 昏昧하여 터득함이 없게 될 것이다.129)

晦齋는 이런 解釋의 根據를 程子의 '能致其知 則思日益明'에서 찾았다. 致知와 思를 연관시킨 程子의 말에서, 晦齋는 '慮'가 곧 '思'임을 확신한 것이다. 이 節을 格物致知를 해석한 것으로 보는 晦齋의 입장에서는 확증할 만한 말이었다. 晦齋는 이를 근거로 '靜' · '安' · '慮'가 모두 心上에 나아가 말한 것이라는 結論을 지었다.130) 이 세

---

128) 『續大學或問』, "有以硏窮物理之所以然 而有得於心矣"

129) 『續大學或問』, "盖知止而有定 則於天下之物 皆有以知其所當然之則 而心無妄動危殆之累 其思慮益明矣 思之明 則又有以硏窮物理之所以然 而有得於心矣 若或知止而至於靜安 不復致思焉 則將至於昏而無得矣"

가지는 心의 범주에 속한 것으로 보는 견해는 朱子처럼 '慮'를 '處事'로 보아 行에 속하는 것으로 보는 종래의 일반적인 설과는 다르다. 만약 朱子와 같이 行으로 보면 다음의 誠意·正心과 관련짓기 어려운 문제점이 있기 때문이다. 그래서 晦齋는 이를 『大學章句補遺』에서는 '起下章誠意正心之功'으로 『續大學或問』에서는 '下章誠意正心之功 皆本於此'라는 말로 자신의 說을 맺어 '物有'와 '知止' 二節을 格物致知의 全文으로 보는 데 확신을 가지고 있음을 볼 수 있다.

다. 知와 行의 관계

여기에서는 行의 문제에 있어서 晦齋의 입장을 살펴보고자 한다. 知와 行의 問題는 결코 다른 問題가 아니다. 知에는 直觀을 통해 얻어질 수 있는 直觀知와 經驗을 通해 얻어질 수 있는 經驗知가 있으나 이들은 行해질 수 없는 虛知요, 결코 眞知일 수는 없는 것이며 直觀을 통해 얻어진 知도 實踐의 檢證을 거쳐야만 眞否를 알 수 있는 것이다. 따라서 知와 行의 問題는 哲學의 重要한 關心事였고 많은 학자들이 이에 대해 서로 다른 主張을 하고 있다. 朱子는 知를 窮理로, 行을 居敬으로 삼아

> 學者의 工夫는 오직 居敬窮理 二事에 있을 뿐으로 이 二事는 상호 發하는 것이니 能히 窮理하면 居敬工夫가 날로 더욱 나아가고 능히 居敬하면 窮理工夫가 더욱 密해지니 사람의 兩足에 있어 左足이 行하면 右足이 멈추고 右足이 行하면 左足이 멈추는 것과 같고 또 一物이 空中에 매달려 있어 왼쪽이 올라가면 오른쪽이 내려가고 오른쪽이 올라가면 왼쪽이 내려오는 것과 같다.131)

---

130) 『大學章句補遺』格物致知章, "曰靜曰安曰慮 皆就心上說 以起下章誠意正心之功"

고 했고,

> 知와 行은 서로 함께 하여 눈이 있어도 발이 없으면 行하지 못
> 하고 발이 있어도 눈이 없으면 보지 못한다. 先後를 論하면 知가
> 先이요 輕重을 論하면 行이 重하다.[132]

고 했다. 이처럼 朱子는 知行相須를 말하여 時間的 先後로는 知라
했고, 價値의 輕重으로는 行이 重하다 하였다. 따라서 朱子는 格物
致知에 대해서도 所以然之故와 所當然之則의 自然存在理法에 대한
豁然貫通知와 經驗知를 並行해서 重視하여 결코 主知的인데 치우치
지 않고 經驗的認識도 같이 말함으로써 認識의 範圍에만 머물지 않
았고, 綜合的 意味로서 修己의 問題까지 包括하고 있다.[133] 이에 비
해 晦齋는

> 무릇 窮理는 다만 知라는 것은 貴重할 뿐만 아니라 이 理致를
> 알고 또 반드시 몸에 體得하여 그 아는 실상을 實踐해야 한다 ─
> 中略 ─ 孔子가 이르기를 사람들이 모두 나는 지혜롭다고 하나 中
> 庸을 擇하여 能히 한 달도 지키지 못한다고 했으니 아는 것이 어
> 려운 것이 아니라 行하기가 어려운 것이다.[134]

---

131) 『朱子語類』 卷9, "學者工夫 唯在居敬 窮理二事 此二事互相發 能窮理
　　 則居敬工夫日益進 能居敬 則窮理工夫日益密 譬如人之兩足 左足行 則
　　 右足止 右足行 則左足止 又如一物懸空中 右抑則左昂 左抑則右昂"

132) 『朱子語類』 卷2, "知行常相須 如目無足不行 足無目不見 論先後 知爲
　　 先 論輕重 行爲重"

133) 李東熙, 「朱子學에 있어서의 理와 實의 相函性에 관한 硏究」(성균관
　　 대 대학원 학위논문), pp.53-54.

134) 『晦齋先生文集』 卷5 「答忘機堂第二書」, "夫窮理非徒知之爲貴 知此理
　　 又須體之於身而踐其實 … 孔子曰人皆予知擇乎中庸而不能月守 然則非

고 했다. 이로 볼 때 이는 朱子의 先知重行과 같은 입장임을 알 수 있다. 晦齋의 知와 行에 관한 주장은 格物致知를 중심으로 살펴보면 먼저 '物有' 一節을 注하여

삼가 살피건대 大學의 가르침은 格物致知에서 始作된다. 무릇 天下事物庶事는 本末終始가 있지 않음이 없으니 능히 그 本末終始之理를 窮究하여 先後緩急을 알면 進德修業이 循循有序하여 道에 이름이 멀지 않다.135)

고 하였다. 또 '知止' 一節을 注하여

知止는 格物致知하여 天下之事에 모두 그 至善의 所在를 아는 것이다. 靜은 心이 妄動하지 않는 것이다. 능히 그칠 바를 알면 方寸之間에 事事物物이 모두 定理가 있게 되어 그 마음이 動함이 없게 되고 능히 靜하게 된다. 心이 能히 靜하면 處함에 便安하여 日用之間에 從容閑暇하며 事와 物이 이르매 헤아려 能히 慮할 수 있다. 能히 慮하면 일을 따라 理致를 보아 마음을 極盡히 하여 幾微를 研究해서 각기 그 止할 바의 위치를 얻지 못함이 없게 되어 止하게 되는 것이다.136)

라고 하였다. 그리고

知之難 行之難"

135) 『大學章句補遺』, "謹按大學之教 始於格物致知 而凡天下萬物庶事 莫不有本末終始 能窮其本末終始之理 而知所先後緩急 則進德修業 循循有序 而其至於道也不遠矣 章首疑有所知在格物者八字 而今亡矣"

136) 『大學章句補遺』, "知止者 物格知至 而於天下之事 皆有以知其至善之所在也 靜 謂心不妄動 能知所止 則方寸之間 事事物物 皆有定理 無以動其心而能靜矣 心旣能靜 則所處而安 日用之間 從容閑暇 事至物來 有以揆之而能慮矣 能慮則隨事觀理 極心研幾 無不各得其所止之矣"

　　物格하여 知止하면 事物當然之則에 定見이 있게 되고 心에 妄動
　　危殆之累가 없으며 그 思慮가 더욱 밝아진다. 思가 밝아지면 또 物
　　理의 所以然을 精密하게 硏究하여 마음에 얻음이 있다.137)

라고 하였다. 이를 통해 볼 때 '知止'는 經驗知를 通해 當然之則에
대한 확고한 인식을 바탕으로 事物의 本末終始를 알아 그 至善의
所在를 터득함으로써 豁然貫通의 心得으로 나아가기 위한 一段階의
格物致知가 이루어진 段階이다. 이것이 '知所先後 則近道矣'에서 '則
道矣'라고 하지 않고 '近道矣'라고 한 점이다. 그러나 여기서 重視할
점은 知가 成立되는 認識論的 根據와 構造에 대한 關心뿐만 아니라
知가 行과 연결되는 當爲範圍의 價値論的 關心이다. 이것은 當爲規
範知로 이루어진 一段階의 格物致知가 다시 定, 靜, 安, 慮의 體驗省
察에 의해 所以然之理를 心得하여 현실에서 마땅한 데 그칠 수 있
는 實踐의 問題까지 이르고 있기 때문이다. 이것은 또한 所以然之
理를 心得하기 위한 前提條件으로 當然之則에 대한 正確한 規範知
를 필요로 하는 것이니 만약 當然之則에 誤謬가 생긴다면 정확한
所以然之理를 얻을 수 없으며 따라서 마땅한 행동이 나올 수 없다
는 것을 의미하기도 한다.

　當然之則에 대한 體驗省察의 過程을 살피면 定은 '定見', '定理'로,
靜은 '無以動其心', '心無妄動'으로, 安은 '所處而安', '安於所止', '居之
安'으로 '慮'는 '思'로 注했다. 이 중 安은 靜과 함께 '心無妄動危殆之
累'라고 하였다.

　이상에서 當然之則에서 所以然之理를 心得하는 過程은 事物當然

---

137) 『大學章句補遺』, "蓋格物而知止　則於事物當然之則　皆有定見而心無妄
　　動危殆之累　其思慮益明矣　思之明　則又有以精硏物理之所以然　而有得
　　於心矣"

之則에 대한 確固한 見解를 定하고 이에 대해 心無妄動하여 不惑하면서 마음에 거리낌이 없이 居함에 便安한 후에 더욱 思慮하여 所以然을 心得하게 되는 것이니 靜·安·慮를 비록 心上의 說이라고 했지만 결코 經驗知와의 연관성을 배제할 수 없는 것이다. 特히 '居之安'은 接物, 接事의 段階中 所以然의 把握을 위한 主體와 客體의 마지막 對立關係인 것이며 이를 통해 主客을 通貫하는 理致를 心得하게 되는 것이다. 栗谷은 "『孟子』의 居之安은 知와 行을 합하여 말한 것이니 『大學』의 安은 居之安과는 輕重이 다르다."고 하였고 또 "知止부터 能得까지는 志于學, 立, 不惑, 知天命, 耳順, 從心所欲不踰矩와 같은 段階는 아니다."라고 했다.138) 이 지적은 晦齋가 行을 통한 經驗知로 體驗省察의 過程을 삼은 것을 잘 看破한 見解이나 知止能得을 一事로 보아 知의 問題에만 局限시키고 있다. 이러한 점에서 晦齋의 格物說이 本末終始에 대한 判斷知로 當然之則을 얻어 다시 經驗을 통해 檢證하여 心得한 후 知止하는 行의 문제로 연결됨을 볼 때 經驗知와 실천을 중시한 면을 볼 수 있다.

(3) 至善과 治國平天下의 註釋

가. '至善'을 '中'으로 解釋하는 問題

晦齋는 『大學』 綱領의 '至善'을 『書經』에서 말하는 '允執厥中'의 '中'으로 보았다.139) 이것은 '中'이란 '過不及'이 없는 것이므로 '事理

---

138) 朱子도 『大學或問』에서 '知止·能得'은 '志于學·從心所欲不踰矩' 같은 段階가 아님을 밝히고 있다. (『栗谷全書』, 卷14, 「晦齋大學章句補遺後議」 參照)

139) 晦齋가 至善을 中으로 해석한 데 대하여 栗谷은 찬성한다. 그는 말하

當然之極'의 '至善'과는 뜻이 통한다고 보았기 때문이다. 이에 대해 『續大學或問』에서

> 　至善의 뜻은, 程子는 '義理精微의 極'이라 하고 朱子는 '事理當然의 極'이라 하였다. 朱子는 "또 德을 밝혀 백성을 새롭게 하고자 하는 자는 반드시 이에 이르기를 구하여 그것이 조금이라도 過不及의 差가 있음을 허용하지 않는다." 하였으며, 또 "明德·新民은 본디 하나의 當然의 法則이 있으므로 過不及하여도 되지 않는다." 하였다. 그 中庸의 뜻을 해석함에 있어서는 "天命의 當然한 바로서 精微의 極致이다." 하였다. 그렇다면 程子·朱子가 비록 '執中'이 '止於至善'이 된다고 明言하지는 않았으나 이른바 '極'이란 것은 '中'의 理이니 天下의 至善이 무엇이 '中'보다 나은 것이 있으리오.[140]

라고 하였다. 晦齋는 '止於至善'의 '至善'을 『書經』〈大禹謨〉의 '允執厥中'의 '中'으로 해석하였다. 이 '至善'을 程子는 '義理精密之極'으로 풀이했고, 朱子는 '事理當然之極'으로 풀이했다. '至善'을 풀이한 '極'이 곧 '中'의 理致라고 보았다. 또한 『中庸』의 '擇乎中庸'에서 그 근거를 찾아 다음과 같이 말하였다.

　기를 "至善과 中은 이름은 다르나 내용은 같으므로 晦齋의 說이 옳다. 다만 이는 일반화된 說이므로 晦齋 독창적인 것은 아니다. 朱子가 『大學或問』에서 理를 논하는 곳이 聖賢의 說과 합일되는 것을 보아도 至善과 中이 다르지 않음을 볼 수 있다."라고 한다. (『栗谷全書』, 卷 14,「晦齋大學章句補遺後議」參照)

140) 『續大學或問』, "曰至善之義　程子以爲義理精微之極　朱子以爲事理當然之理　又曰　欲明德以新民者　求必至是　而不容其少有過不及之差　又曰　明德新民　本有一箇當然之則　過之不可　不及亦不可　至其釋中庸之義　則曰　天命所當然　精微之極致　然則程朱雖不明言執中之爲止至善　而所謂極者　中之理也　天下之至善　孰有過於中者乎"

『中庸』에서 이른바 ‘擇乎中庸’이라는 것은, 온갖 이치를 변별해 그 至善의 所在를 구하는 것을 말한 것이다. 그러므로 아래 章에 이를 이어 “中庸을 택하여 하나의 선을 얻으면 가슴속에 공경히 간직해 잃지 않는다.”고 하였다. 『中庸』에 ‘擇善’ · ‘明善’을 말한 것이 모두 이 뜻이다. 따라서 ‘中’이 ‘至善’이 되는 것은 더욱 명백하다. 대체로 ‘中’과 ‘至善’은 이름은 비록 다르지만, 이치는 하나이다.141)

앞에서 살펴보았듯이 晦齋는 格物致知를 해석하면서 ‘知止’를 ‘知其至善之所在’로 풀이하였는데, 여기서는 ‘中庸’을 ‘至善之所在’로 보았다.142) 그래서 『中庸』에 나오는 擇善 · 明善의 ‘善’을 ‘至善’으로 보고, 그것이 곧 ‘中’과 같은 의미로 파악하였다. 晦齋는 이런 관점에서 ‘中’은 明德 · 新民의 極이 된다고 주장하고 있으며, 이러한 晦齋의 論理는 『中庸九經衍義』의 저술을 통하여 당시 朝鮮 王朝의 至治를 실현하고자 하였다고 볼 수 있다.

나. 治國平天下의 根本은 ‘仁’이라고 보는 問題

晦齋는 治國平天下의 근본은 仁이라고 보고 있다. 이는 晦齋의 독창적인 見解라기보다 일반적인 유학자들의 견해를 진술하고 있으며 만년(60세)에 지은 『求仁錄』 저술 취지와 一脈相通한다고 보겠다. 또 晦齋가 治國平天下의 근본을 爲政者의 ‘仁’에서 구한 것은 『大學』 註釋을 통하여 자기 政治思想을 표현한 것이라고 볼 수도

---

141) 『續大學或問』, “中庸所謂擇乎中庸者 言辨別衆理 而求其善之所在也 故下章繼之曰 擇乎中庸得一善 則服膺而得失 其言擇善明善 皆此意也 中之爲至善 益明矣 盖中與至善 名雖異 而理則一”

142) 朱子는 ‘擇乎中庸’을 ‘辨別中庸 以求所謂中庸’이라 하였는데, 晦齋는 이 ‘中庸’을 ‘至善之所在’로 보았다.

있다. 우리는 또 이것을 통하여 오히려 晦齋의 '民本'의 政治觀을 살펴 수 있다. 『大學』의 治國平天下之條에 언급된 內容 자체가 모두 '絜矩之道', '仁親以爲貴', '唯仁人放流之', '仁者以財發身', '未有上好仁而下不好義者也' 등 '仁'이 爲政의 근본임을 설명한 것이므로 晦齋의 이 說이 새로운 것은 아니라 하더라도 당시 學問과 政治的 經綸을 겸비하였던 그에게 있어서는 절실하게 체험한 바에서 우러나온 말이라고 볼 수 있다. 그러므로 이것은 다른 측면에서 가치 있는 資料가 될 것이다.143) 『續大學或問』에서 이 '治國平天下' 章은 政治의 道는 仁에 있고, 仁을 施行하는 要點은 絜矩에 있다는 것을 말하였다.144) 대개 好·惡를 반드시 公平하게 하여 民心에 따르고 偏私의 隱蔽가 없게 한 후에야 어진 이를 등용하고 邪惡한 자를 내칠 수 있게 되고 德을 널리 베풀 수 있게 되어 天下가 和平해지는 것이라고 하였다. 또한 『論語』, 『孟子』 등에서 仁과 爲政에 관련된 말을 뽑아 引用하고, 程子·朱子의 말도 아울러 섞어 열거한 후 다음과 같이 말하였다.

　　대개 大學의 法은 이치를 窮究하고 마음을 바르게 하여 그 몸을 닦고 나아가 家·國·天下에 미치게 하는 데 있는 것이니, 이치를 窮究하는 것은 仁을 구하는 것이다. 仁은 人心인 것이니 마음이 바로잡혀지면 이것이 仁인 것이다. 自己 몸에서 家에 미치고, 家에서 國과 天下에 미치는바 어찌 다름이 있으리오. 오로지 이 마음뿐인

---

143) 여기에 대해 栗谷은 너무나 일반적인 主題를 晦齋가 너무 번쇄하게 詳論했다고 비평하고, 그가 그렇게 한 이면에는 자신이 당시 士禍의 慘禍를 목도하였기 때문에 경각심을 일으키기 위해 지은 것이 아닐까 본다고 하였다. (『栗谷全書』, 卷14, 「晦齋大學章句補遺後議」參照)

144) 『續大學或問』, "施仁之要 又在於絜矩也 必以孝弟慈爲先者 蓋孝弟慈者 所以行仁之本也"

것이다. 그러므로 朱子는 '格物致知는 仁을 求하는 것이다.'라고 하
였으며, 또 '絜矩는 仁을 구하는 공부이니 정말 힘쓸 것이다.'라고
하였다.[145]

라고 하여, 仁을 개인적 인격 완성의 표현으로 보고 있다. 또한『大
學』의 처음 공부가 窮理로부터 시작되는데, 晦齋는 이 窮理도 결국
은 求仁의 방법이라고 보며, 아울러『大學』의 궁극 목적인 平天下도
이 仁에서 말미암는다고 하여『大學』의 요점을 仁 하나로 귀결시켰다.

晦齋는 治國·平天下章에 '仁' 字가 자주 등장하는 데 주목하여,
이 두 章의 意味를 '仁'에 맞추어 풀었다.『大學』에서 '仁' 字가 처음
나타나는 것은 傳3章의 '爲人君 止於仁'이다. 그는 이를 '治道는 仁
에 根本함'을 말한 것으로 풀이하여, 임금이 마땅히 그쳐야 할 바를
仁으로 보았다. 그리고 그렇게 하면 그 교화가 널리 젖어 들어 天
下가 平治될 것으로 여겼다.[146] 또한『續大學或問』에서는,

지금 삼가 두 장의 뜻을 깊이 窮究해 보건대, 첫머리에 孝·悌·
慈로 立敎의 根本을 삼았으니, 이는 곧 仁을 베푸는 일이다. 또 恕
를 말하고 絜矩를 말한 것은 仁을 베푸는 요점이 여기에 있음을
밝힌 것이다. 絜矩는 곧 恕다.[147]

---

145)『續大學或問』, "蓋大學之法 在於窮理正心 以修其身 以及於家國天下
　　窮理所以求仁也 仁人心也 心得其正 是乃仁也 由身而及於家 由家而及
　　於國 天下者 豈有他哉 亦此心而已矣 故 朱子曰 格物致知 所以求仁也
　　又曰 絜矩乃求仁工夫 正要著力"

146)『續大學或問』, "仁之說 發端於三章 而推廣於卒章 其曰爲人君止於仁者
　　言治道本於仁 此人君之之所當止也 人君而止於仁 則化行澤洽 而天下
　　平矣"

147)『續大學或問』, "今竊深究兩章之義 首以孝悌慈爲立敎之本 此乃施仁之
　　事也 又言恕言絜矩者 所以明施仁之要 在於此也 絜矩卽恕也"

라고 하여 治道의 근본을 仁에 두고 있다. 晦齋는 仁의 실현을 孝 · 悌 · 慈에 두고 그 요점을 恕 곧 絜矩에서 찾았다. 恕는 孝 · 悌 · 慈에 이르는 具體的인 방안이다. 또한 晦齋는 孔子 · 程子 · 朱子 등의 말을 引用하여 公을 仁之體로, 愛를 仁之用으로, 恕를 仁之施로 보았다. 그리고 이 治平章에서 丁寧하게 反復해 말한 뜻이 이 세 가지에서 벗어나지 않는다고 하였다. 이처럼 傳八章 · 傳九章을 解釋한 晦齋는 다시 범위를 넓혀 『大學』 전체의 의미를 仁으로 설명하였다. 또 格物致知를 仁을 구하기 위한 것으로 보고, 그 공부의 요점을 絜矩에서 찾았다. 『大學』을 해석하면서 格物致知의 인식론에 천착한 다른 학자들의 관념적 탐구와는 달리 사회적 실현을 염두에 두고 仁을 表章하여 絜矩를 통한 孝 · 悌 · 慈의 실현을 『大學』의 奧旨로 본 것은 그 나름의 독특한 해석이다.148) 이러한 晦齋의 仁說은 『求仁錄』에서 보다 體系的으로 정리되는데, 晦齋의 道學的 經世觀을 잘 드러내 주고 있다.149)

晦齋가 朱子의 『大學章句』의 編次를 改定하여 이에 대한 改編本을 만들면서 編次를 改定한 3節 以外에는 거의 程朱의 주석만 소개하고 말았는데 오직 마지막 8 · 9章(晦齋는 全文을 經1章 傳9章으로 하였음)에 대해서는 '帝王之學'으로써 仁政과 관련시켜 주석을 하였고, 『續大學或問』에는 이 仁政에 대한 해설이 소상하다.

孔子의 門下에서 弟子를 가르칠 때 오로지 仁을 求하는 것으로써 根本을 삼았으며, 曾子의 學問도 仁으로써 자기 任務를 삼았으

---

148) 후대 茶山 丁若鏞도 『大學』의 요지를 孝 · 悌 · 慈로 파악하였다. 『大學公議』 參照.

149) 尹絲淳의 "晦齋의 「仁」思想"(「李晦齋의 思想과 世界」, 성대 대동문화연구원, 1992) 參照.

니, 어찌 聖賢이 著書立敎하여 治國平天下의 道를 밝혀서 萬世의 準則을 삼으면서 仁으로써 근본을 삼지 아니함이 있으리오.[150]

라고 하여, 孔孟의 政治道가 바로 仁에 근본을 둔 仁政임을 말하고, 이어서 王朝의 興亡盛衰를 『大學』의 공부와 연관시켜 말하기를,

> 아! 周代 以來로 數千 年 동안 家·國·天下를 둔 사람이 대개 이 『大學』의 글을 읽지 않은 이가 없었으나 『大學』의 8·9章의 本旨를 깊이 밝힌 이는 드물었다. 그러므로 그들의 政治할 때는 오로지 殺戮과 刑罰에만 힘쓰고 仁에 뜻을 둔 자는 적었다. (中略) 진실로 이 『大學』의 글을 읽는 이로 하여금 天下國家의 治亂興亡과 天命人心의 去就離合이 한결같이 君主의 仁과 不仁에 매어 있다는 것을 깊이 밝혀 警省케 하여 항상 이 마음을 가지고 잃지 않는다면 어찌 禍敗가 이 지경에까지 이를 수 있겠는가[151]

라고 하여 仁政을 내세워 晦齋가 당시의 勳舊派 戚臣들의 政治的 횡포에 대한 一大 警鐘을 울리고 있다고 보고 있다.

이로서 본다면, 晦齋의 仁說은 士禍의 소용돌이 속에서 보다 떳떳한 道德性의 확립을 필요로 한 시대적 요청이기도 한 것이었으며, 士林派의 國家統治 理念의 체계화를 정립한 것이라고 하겠다.

---

150) 『續大學或問』, "孔門敎人 傳以求仁爲本 而曾子之學 又以仁爲己任 安有 聖賢著書立敎 以明治國平天下之道 以爲萬世準則 而不以仁爲本者乎"

151) 『續大學或問』, "嗚呼 自周以來數千載間 有家國天下者 蓋未有不讀此書 而鮮有深明此章之本旨者 故其爲政也 專以殺戮刑法爲務而志於仁者寡 矣⋯⋯誠使讀是書者 深明天下國家之理亂興喪 天命人心之去就離合 一 繫於人君之仁與不仁 惕然省常存此心而不失 則安有禍敗之至此乎"

3. 『大學』 註釋에 대한 比較 考察

1) 朱子와 晦齋의 『大學』 解釋의 差異

朱子는 二程의 『古本大學』의 編次를 개정한 취지를 계승하여 『古本大學』이 자못 放失하다고 판단하여 이를 經1章과 傳10章으로 나누고 經文을 孔子의 뜻을 曾子가 기술한 것이라고 하여 이를 총론으로 삼고 傳文은 子思의 뜻을 그의 門人들이 기록한 것으로 經文을 해석한 것으로 보았으며, 『大學章句』라 命名하고 『古本大學』을 『原本大學』이라 일컬었다.

朱子의 『大學章句』의 特徵은 첫째, 『大學』이 『論語』, 『孟子』, 『中庸』과 함께 儒學의 규모를 논리적으로 기술한 책으로써 儒教經典의 하나로 존중되었다. 둘째, 『大學』을 大人之學이라 규정하여 자신의 덕을 닦는 修己의 書로 봄으로써 爲政者로부터 庶民에 이르기까지 入德의 중요한 관문으로 삼았다. 셋째, 이러한 과정에서 『古本大學』의 編次를 바꾸고 格物致知章의 전문이 亡失된 것으로 보고 이전에는 『大學』의 八條目 중 格物致知를 소홀히 하였으나 朱子의 『大學章句』가 이루어짐에 따라 八條目의 內容이 갖추어지고 儒教의 이상인 治國平天下까지 다루어 儒家의 政治哲學의 기본이 되었다. 朱子는 『大學章句』에서 "옛날의 太學에서 사람을 가르치던 法이다."[152] 라고 한 점만 보아도 이를 알 수 있다. 넷째, 朱子는 親民의 '親'을 '新'으로 해석하여 '백성을 새롭게 한다.'로 해석함으로써 '明明德'이 다른 사람에게 확대하여 가는 것임을 말하고 있다. 즉 인간의 本性

---

152) 『大學章句』, 大學章句序, "大學之書 古之大學 所以敎人之法也"

을 회복하여 인간으로서의 본분을 實踐하도록 하게 한다는 儒敎 德治主義의 근본인 修己治人을 합리적으로 제시했다는 점이다.

晦齋는 朱子의 『大學章句』에 대하여 程子의 說을 토대로 의욕을 가지고 編次를 개정하였다. 그 編次上의 특징은 첫째로 格物致知의 전문에 대하여 朱子의 亡失되었다는 설을 부정하고 朱子의 格致補傳을 註釋으로 삼아 朱子의 格物致知說을 수용하고 있다. 그래서 『大學章句』의 經文에 있는 '知止'節과 '物有'節을 환치하여 '格物致知'章으로 삼았고, 둘째로 『大學章句』의 本末章인 '聽訟'節을 經文의 結語로 옮겨 經1章과 傳9장의 『大學章句補遺』로 改編하였다.

晦齋는 格物致知說에 있어서도 至近한 것과 人倫을 근본으로 하여 전개함으로써 인간중심의 格致說을 주장하고 있다. 朱子가 物을 猶事로 字訓하고 '凡天下之物'과 '衆物'로 이해하여 格物致知說을 泛然하게 주장한 데 반하여, 晦齋는 物을 兼事로 字訓하여 物이 事를 포함하고 있다고 보고 君臣·父子·夫婦·昆弟·朋友에서부터 萬物에 이르기까지 格物致知의 先後本末의 次序를 중시하고 있다. 또한 慮를 思로 봄으로써 晦齋는 朱子가 말한 인식으로서의 知를 體得으로서의 心의 문제에까지 확산시켰다. 이 문제는 主知的인 側面을 價値認識에까지 겸한 心得知로 확산하였음을 뜻한다. 그리고 朱子는 知를 窮理로 行을 居敬으로 삼았음에 대하여 晦齋는 知를 主知的인 데 치우치지 않고 경험적 認識도 같이 말함으로써 종합적 의미로서의 修己의 문제까지 포괄하고 있다. 이러한 晦齋의 經學思想은 朝鮮 中期 以後 朝鮮朝 性理學이 心性論 중심으로 發展하게 되는 계기가 되었다고 하겠다.

2) 晦齋의 『大學』 註釋에 대한 評價

晦齋의 『大學』 註釋에 특별한 관심을 가진 임금은 正祖이다. 晦齋는 재위 5년과 16년 두 차례에 近臣을 보내 玉山書院에 제사를 올리고 18년에 다시 『續大學或問』에 대한 序文을 지어 내려 보냈다. 이 序文에서 "先正이 當日에 細心 察理한 공부를 오히려 卷中에서 상상해 볼 수 있으니 학문을 하려면 마땅히 이같이 해야만 되지 않겠는가."[153]라 하고, 또 "嶺南 諸生들에게 말을 기별해 보내노니 先正의 心法을 배우고자 한다면 그 心法을 보는 방법은 策勵 反省하는 공부에 있지 않겠는가."[154]라고 하였다. 여기에서 보면 正祖는 晦齋의 細心 察理한 工夫를 긍정적으로 평가하고, 嶺南의 諸生들에게 그의 心法을 배우라고 권하고 있음을 알 수 있다.

앞에서 『大學章句補遺』와 『續大學或問』을 中心으로 晦齋의 『大學』 註釋에 대한 考察을 살펴보았거니와 晦齋가 朱子의 『大學章句』를 다시 改訂하여 '物有'·'知止' 兩節로 格物致知傳을 삼았으며, 聽訟 節을 經文의 結로 삼았다. 이 두 가지는 晦齋의 『大學』에 관한 註釋의 두드러진 特徵이다. 晦齋의 格物致知論을 實事에 나타나는 本末終始의 所當然之理를 아는 것이 곧 格物하여 知止하는 것이고 이를 다시 定靜安慮의 體驗省察의 檢證을 거쳐 所以然之理를 心得하는 것으로 分析하였다. 그런데 여기서 物은 人事로 보았고 慮를 思로 봄으로써 認識만의 問題가 아니라 價値問題와의 關聯을 통하여 얻어지는 心得

---

153) 『御製續大學或問序』, "先正當日 細心察理之工夫 尙有可能想見於卷中 爲學固不當若是耶"

154) 『御製續大學或問序』, "寄語嶠南諸生 欲學先正之心法 伊其觀法之方 顧不在於鞭辟近裏之工乎哉"

知의 側面이 있음을 論하였다. 그리고 '聽訟' 節을 結文으로 삼은 데서 修身爲本을 강조하여 大學之道의 근원을 분명하게 드러내고 있음을 밝혔다.

『大學章句補遺』를 통해 본 晦齋의 經學思想은 朱子學을 바탕으로 한 범주 속에서 이루어졌으나 性理學의 思辨的인 理論보다 당면한 현실과 관련하여 어떻게 하면 性理學의 理念을 구현하느냐 하는 실용적인 특징을 가지고 있다고 하겠다.

Ⅳ. 『中庸』 註釋에 대한 比較 考察

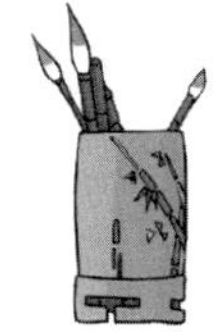

晦齋의 『中庸』 註釋을 고찰하기 위하여 먼저 그 토대가 되었던 中庸의 成立과 特徵, 漢唐 이전의 『中庸』 해석, 朱子의 『中庸』 解釋을 살펴보고, 晦齋의 『中庸九經衍義』와 비교하여 고찰하고자 한다.

1. 『中庸』의 成立과 朱子의 解釋

1) 『中庸』의 成立과 特徵

『中庸』은 본래는 後漢 때 편찬한 『小戴禮記』 第三十一篇이었는데 程子가 『禮記』 가운데서 빼내 單本으로 삼았고, 뒤에 朱子가 章句로 나누어 『論語』·『孟子』·『大學』과 함께 四書集註를 저술했다. 그 후에 『中庸』은 四書의 하나로 그 확고한 위치를 점하고 있다. 그러나 『中庸』의 單行本에 대해서 淸의 毛奇齡은 漢·唐 時期에 이미 그 單行本이 있었다고 주장하였고,155) 徐復觀 또한 漢代 『史記』 이전에 이미 單行本이 있었다고 한다.156) 이러한 주장은 『禮記』에 실려 있는 글들이 漢代까지 『儀禮』를 강론하면서 여러 학자들의 見解를 모아 놓은 것이기 때문에 漢代에 이미 『中庸』 單行本이 있었다는 說은 어느 정도 타당성을 갖는다. 하지만 儒學史에 있어서 『中庸』이 經傳으로서의 중요한 가치를 지니게 된 것은 朱子의 四書集註에서 『大學』과 『中庸』을 각각 單行本으로 註釋한 데서 시작되었다고 하겠다.

唐代 이전에 『中庸』의 저자에 대한 見解로 最初 記錄은 司馬遷의 『史記』 「孔子世家」에 나오는데, 子思가 『中庸』을 지었다157)고 하였다. 또 鄭玄도 孔子의 손자인 子思가 이를 지어 聖 祖父의 德을 소상하게 밝힌 것이다158)라고 하여 司馬遷의 主張을 繼承하고 있다. 司馬遷과 鄭玄은 『中庸』이 子思의 作이라 여겼으며, 특히 司馬遷에 의하면 子思가 宋에서 困厄을 당하였기 때문에 『中庸』을 지었다고 하고 있는데, 이것은 所謂 道統과 관련하여 중요한 의미를 갖는다.

司馬遷 說보다 더 자세한 記錄은 漢代에 孔子의 九世孫 孔鮒가 편찬한 것으로 알려져 있는 『孔叢子』에 보인다. 「居衛篇」에 보면

子思가 16세 때 宋으로 갔는데 宋의 大夫 樂朔이 그와 더불어 學을 논하였다 …… 樂朔이 화내며 돌아가서 말하기를 '어린애가 나를 모욕하였다.'고 하였다. 무리들이 있다가 '비록 魯나라는 宋의 우

---

156) 毛奇齡, 『大學證文』(『文淵閣四庫全書』 「經部」 八, 四書類), pp.280-281.

156) 徐復觀, 『中國人性論史』(先秦篇), 臺灣 商務印書館, 民國58年. p.105.

157) 司馬遷, 『史記』 卷四七, 孔子世家 "伯魚生伋 字子思 年六十二 嘗困於 宋 子思作中庸"

158) 『十三經注疏』, 『禮記注疏』 卷五十二, 中庸 "孔子之孫 子思作之 以昭 明聖祖之德也"

방이긴 하나 이제 그는 원수입니다. 그를 공격합시다.'라 하고, 마침내 子思를 에워쌌다. 宋나라 임금이 그것을 듣고 수레도 타지 않고 달려가 子思를 구하였다. 子思가 난을 피한 다음 '文王은 琉璃에서 곤란을 당하자 『周易』을 지었고, 저희 祖父이신 孔子께서 陳나라와 蔡나라 사이에서 곤액을 당하자 『春秋』를 지으셨다. 내가 宋에서 곤란을 당하였는데 어찌 아무것도 짓지 않겠는가.' 하고 『中庸』 49 편을 찬하였다.[159]

고 하였고, 또 「公儀篇」에는

    穆公이 子思에게 말하기를 '어떤 사람들은 그대가 지은 책에 孔子의 말이라고 기록해 놓은 사실은 그대의 말이라고 한다.'고 하자 子思는 '제가 기술한 것은 제 祖父의 말입니다. 그것 가운데 혹은 직접 들은 것이고 또 다른 사람에게서 전해들은 것도 있습니다. 비록 직접 전해들은 것은 아니라 하더라도 그 뜻은 잃지 않았다고 봅니다.'라 하였다.[160]

라는 기록도 있다. 물론 『孔叢子』는 僞書로서 그 내용을 전부 그대로 믿을 수는 없고, 『中庸』 49篇이라는 것도 어디에 根據한 것인지 분명하지 않다. 그러나 『孔叢子』가 漢代 儒者들의 일반적인 情緖를 반영하고 있다는 점을 고려해 본다면 적어도 이 당시에 『中庸』의

---

159) 『孔叢子』 「居衛篇」, "子思年十六過宋 宋大夫樂朔與之言學焉……樂朔 不悅而退 曰孺子辱吾 其徒曰 魯雖以宋爲舊 然世有수雔焉 請攻之 遂 圍子思 宋君問之 不待駕而救子思 子思旣免 曰文王於유里作周易 祖君 屈於陳蔡作春秋 吾困於宋可無作乎 於是撰中庸之書四十九篇"

160) 『孔叢子』 「公儀篇」, "穆公謂子思 曰子之書所記夫子之言 或者以謂子之 辭 子思曰 臣所記臣祖之言 或親聞之者 有聞之於人者 雖非正其辭 然 猶不失其意焉"

單行本이 있었고, 또 子思의 作으로 믿어졌으며, 상당히 流行하였다는 것을 짐작해 볼 수 있다.

『中國歷代經籍典』 卷283으로부터 卷286까지의 「中庸部彙考」에서 唐·宋 以前의 『中庸』 單行本 기록을 살펴보면, 『漢書』 「藝文志」 六藝略 禮部에 『中庸說』 二篇이 게재되어 있는 것을 보면 늦어도 前漢시대 말에는 이미 그 註解書가 만들어져 있었다는 것을 알 수 있다. 六朝 때 宋의 戴顒이라는 사람이 『禮記』에서 뽑아 별책으로 『中庸傳』 二卷을 만들었다는 말이 있고, 梁武帝는 스스로 『中庸講疏』 一卷을 저술하고 『制旨中庸義』 五卷을 편집하였다는 사실이 『隋書』 經籍志에 보이지만 모두 남아 있지 않다. 이로써 보면 唐·宋 이전에도 『中庸』의 가치가 認定되고 있었음을 알 수 있다. 한편 唐 李翱의 『復性書』에는

> 子思는 공자의 손자로 祖父의 道를 얻어 『中庸』 47篇을 지었으며 孟子에게 전하였다. …… 秦의 滅書를 만나 『中庸』은 한 편만이 남고 다 타버렸다. 이에 이 道가 廢缺하게 되어 가르치는 자들이 오직 節行, 文章, 章句, 威儀, 擊劍의 術로 師承하고 性命의 根源에 대해서는 傳하는 바가 있다는 것을 알지 못하겠다.…… 아! 비록 性命의 책은 있으나 學者들이 밝힐 수 없기 때문에 모두 莊·列·老·釋에 들어간다. 알지도 못하는 사람들이 孔子의 무리는 性命의 도리를 窮究하는 데 不足하다 하고 이에 맹목적으로 따르는 사람들은 모두 이를 옳다고 한다. 어떤 사람이 나에게 묻기를 내가 아는 것으로서 그에게 전하여 주었고, 마침내 책을 지어서 性命의 根源을 열게 되니 缺絶 廢棄되어 드날리지 못하였던 道가 이에 겨우 傳하여지게 되었으니 이를 『復性書』라고 한다. 이로써 그 마음을 닦고, 이로써 다른 사람에게도 전하도록 하였다. 아! 孔子가 다시 태어난다고 해도 내 말을 폐기하지 않을 것이다.161)

라 하고 있다. 이처럼 李翺는 『中庸』이 性命之源을 밝힌 책이라 하고 있는데, 그의 『復性書』는 宋代 朱子學에 큰 영향을 끼쳤다. 그와 같은 시기의 韓愈는 「原道」라는 글을 저술하여 儒學의 道統의 傳授를 다음과 같이 말하기를, "堯는 道를 舜에게 傳하였고, 舜은 禹에게 전하였으며, 禹는 湯에게 전하였고, 湯은 文, 武, 周公에게 전하였으며, 文, 武, 周公은 孔子에게 전하였고, 孔子는 孟子에게 전하였다. 孟子가 죽자 그 道가 전하여지지 않았다."162)고 하였고, 「送王損秀才序」에서 "孟子는 子思에게서 전해졌고, 子思의 學은 曾子에게서 나왔다."163)고 하여 道統이 堯, 舜, 禹, 湯, 文, 武, 周公, 孔子, 曾子, 子思, 孟子로 이어졌다고 하고 있다.

　宋代에 들어오면 『中庸』을 硏究하는 學者들이 매우 많아진다. 그리고 여기서 여러 異說들이 제기되었다. 크게 『中國歷代經籍典』에서 대표적인 것만 뽑아내면, 胡瑗의 『中庸義』, 陳襄의 『中庸講義』, 余象의 『中庸大義』, 喬執中의 『中庸義』, 范禹의 『中庸論』, 승려인 契嵩의 『中庸解』 등이 저술되었다고 한다. 또한 司馬光의 『大學廣義』와 함께 『中庸廣義』를 저술하여 『中庸』을 크게 表章하였다고 하나 안타

---

161) 『復性書』, "子思　仲尼之孫　得其祖之道　述中庸四十七篇　以傳於孟軻 …… 遭秦滅書　中庸之不焚者一篇存焉　於是此道廢缺　其教授者唯節行文章章句威儀擊劍之術相師焉　性命之源　則吾弗能知其所傳矣 …… 嗚呼　性命之書雖存　學者莫能明　是故皆入於莊列老釋　不知者謂夫子之徒不足以窮性命之道　信之者皆是也　有問於我　我以吾之所知而傳焉　遂書於書　以開性命之源　而缺絶廢棄不揚之道　幾可以傳於時　命曰復性書　以理其心　以傳乎其人　烏戲　夫子復生　不廢吾言矣"

162) 『昌黎先生文集』 卷11 「原道」, "堯以是傳之舜　舜以是傳之禹　禹以是傳之湯　湯以是傳之文武周公　文武周公傳之孔子　孔子傳之孟軻　軻之死　不得其傳焉"

163) 『昌黎先生文集』 「送王損秀才序」, "孟軻師子思　子思之學　蓋出曾子"

깝게도 전하지 아니하고 다만 司馬光을 존숭한 晁說之의 『中庸傳』 一卷이 전한다. 그리고 程顥의 『中庸義』 1卷, 呂大臨의 『中庸解』 1 卷, 그 밖에 石惇, 游酢, 楊時, 張九成, 鄭樵 등을 거쳐 朱子의 『中庸章句』 1卷, 『中庸輯略』 2卷, 『中庸或問』 2卷에서 集大成된다. 그리고 周濂溪의 『通書』는 『中庸』에 근거하여 저술된 것이다. 이로 보면 宋代에 들어와서 『中庸』이 性理書로서 중요한 冊으로 인식하고 있다.

앞에서 살펴본 대로 『中庸』은 漢代부터 이미 單行本이 있었으나 『禮記』 속에 편집되어 한 篇으로 인식되었다. 때문에 儒學史的 側面에서 크게 부각되지 않았다. 이 『中庸』이 본격적으로 經傳的 가치를 지니게 된 것은 韓愈와 李翶에서부터이다. 韓愈는 『中庸』의 저자인 子思가 道統을 계승한 것으로 규정했고, 李翶가 이를 性命의 書라 하여 復性書로 규정하였다. 그리고 宋代의 張載 및 周濂溪는 『中庸』에 관한 직접 저술은 없지만 그들 論集 곳곳에서 언급하고 있으며, 이들은 二程에 직접 영향을 주었다. 程顥는 직접 저작이 있었으나 朱子 당시에 이미 없어지고 말았다.

程子가 『禮記』의 한 篇인 『中庸』을 『大學』과 함께 單行本으로 만들었고, 朱子가 이에 대해 『章句』를 붙인 것으로부터 『中庸』은 中國哲學思想 부동의 위치를 차지하게 되었다. 朱子는 이를 孔門 心傳으로 보았으며, 이는 漢代의 司馬遷의 『史記』 및 孔鮒의 『孔叢子』, 그리고 韓愈와 李翶 등과 脈絡이 닿고 있는 것이다.

朱子는 程伊川을 계승하여, 『中庸』을 자신의 理氣論으로 中和說을 밝혔으며, 陸象山이나 王陽明도 未發之中을 心이라 하여 『中庸』을 중시하고 있다. 이리하여 經學史에 있어서 『中庸』의 位置는 四書로서 확고하게 定立되었다. 朱子는 71세로 사망하기 직전까지 四書의 註釋을 개정하였다고 전할 정도로 四書의 註釋에 심혈을 기울였던 것이다. 특히 『大學章句』와 『中庸章句』의 卷頭에 각각 게재된 장문의 서문 두 편은 그 규모의 웅대함과 필력의 웅건함, 그리고 文法의 嚴密함이 단지 文章으로서만 보아도 명작으로서 자랑할 만한, 원숙한 晩年의 思想과 學識의 眞髓가 드러나 있는 중요한 資料이다.

朱子의 주장대로 『中庸』을 心法으로 파악할 때, 實踐을 優先으로 하는 道德論과 形而上學을 결합하여 體用의 논리로 전개시키고 있는 儒家思想의 體系書라는 점이다.

『中庸』은 體用 不離不雜의 관점에서 本體와 當爲를 통일, 궁극적으로는 天人合一에로 나아간다. 그러나 실제 『中庸』에서는 中庸을 中和로 대체시키고 있다. 그렇다면 和는 常의 의미 즉 本體의 의미를 더 강조하지만 그 標準을 세우는 데 더 중점을 두고 있다는 것이다.

다시 말하면 『中庸』이 天人合一을 지향하면서도, 이를 信仰的 次元에서가 아니라 바로 哲學的 次元에서 嚴密化하고 있으며, 空虛化를 방지하기 위하여 實踐論으로 보완, 實踐이 本體이고 本體가 實踐임을 밝히는 것이다. 따라서 實踐 또한 자신에 대한 內向的 實踐과 對人·對物的 實踐이 있게 되는 것이다.

『中庸』은 體用의 論理로 道德論과 形而上學을 통일시키고 있다는 점에서 그 位置가 평가될 수 있으며, 自身의 完成과 더불어 他人·他物의 完成을 天人合一의 標準으로 삼는다는 데서 그 意義가 評價될 수 있다.164)

2) 漢·唐 儒家의 『中庸』 解釋

漢代에 오면 訓詁의 유행에 따라 우선 글자에 대한 解釋이 주를

---

164) 趙明彙, 『中庸思想硏究』, 동국대 대학원 학위논문, 1991. pp.23-42 參照.

이룬다. 漢·唐 儒家의 『中庸』의 解釋을 살펴보기 전에 먼저 中과 庸의 글자에 대한 訓들을 모아 보면, 朱駿聲은 『說文通訓定聲』에서 中을 訓하여 "其本訓當爲矢著正也……著侯之正爲中 故中卽訓正"라 하였고, 『論語』「堯曰」 "允執其中"에 대한 皇侃의 疏에 "中庸之道 也"라 한 것도 中을 正으로 본 것이다. 中을 和로 해석한 경우도 있는데 『白虎通』「五行」에 "中 和也"와 『論語』「雍也」의 "中庸之爲 德也"에 대한 皇侃의 疏에 "中 和也"가 그것이다.

　『說文』 및 『莊子』「濟物論」에서 庸을 用으로 보았다. 그러나 庸을 常으로 해석하는 경우도 있는데 『爾雅釋詁』에 "庸 常也"라 하였으며, 『孟子』「告子上」의 "庸敬在兄"에 대한 趙岐 注에 "庸 常也 常敬在兄"이라 한 것이 그것이다. 鄭玄은 『禮記』「中庸」의 "君子中庸"을 注하면서 "庸 常也 用中爲常道也"라 하고 『中庸』을 解題하면서 "名曰中庸者 以其記中和之爲用也"라 하여 "執其兩端 用其中於民"이라는 中庸의 實踐的인 면에서 언급하고 있다. 庸의 본래 의미는 用이다. 그러나 그 用은 當用을 의미하는 것이기 때문에 常의 의미를 내포하는 것이라 하겠으며, 이때 常의 의미는 또한 不變을 강조하는 것이기도 하다. 不變은 물론 絶對的인 것이고 用中이라 할 때 바로 그 不變性이 중심이 되는 이유이기도 한 것이다.

　漢代의 또 다른 特徵은 陰陽·五行論의 流行이다. 董仲舒는

　　陽의 운행은 북방의 中에서 시작하여 남방의 中에서 그친다. 陰의 運行은 남방의 中에서 시작하여 북방의 中에서 그친다. 陰陽의 道가 서로 다르나 盛에 이르게 되면 똑같이 中에 있게 되고 그 시작도 똑같이 中에서 하는 것이니, 中이란 天地의 太極이다.[165]

---

165) 『春秋繁露』「循天之道」, "陽之行始於北方之中而止於南方之中　陰之行

라고 하여 陰陽論을 도입, 中을 極으로 보고 있다. 그래서 太極이라
고도 하여 不變性, 法則性을 주장한다. 董仲舒는 또 陰陽五行思想을
기초로 宇宙觀을 건립하여 天人感應說을 주장하였는데,

> 天에는 陰陽이 있다. 人에도 陰陽이 있다. 天地의 陽氣가 일어나
> 면 人의 陰氣가 그에 응하여 일어난다. 人의 음기가 일어나면 천지
> 의 양기 또한 의당 그에 응하여 일어나니 그 道는 하나이다.[166]

라고 하였다. 이러한 天人感應說을 바탕으로 그는 性三品說을 주장
하였고, 三綱과 五常을 道라 하여, 道는 天에 근원하는 것이고, 天은
不變하므로 道 또한 不變하는 것이라 하였다. 또 그는 陰陽二元論
에 따라 性情을 구분하고 情은 性의 통제를 받아야 하는 것이라고
도 하였다.

董仲舒는 中을 極 또는 太極으로 보아 兩端을 主張하면서도 合而
爲一을 중시하여 말하기를, "天地의 氣는 合하여 하나가 되고, 나뉘
어 陰陽이 되며, 펼쳐져서는 四時가 되고 벌려져 五行이 된다."[167]
고 하고, "事物은 반드시 合하여진다. 合에는 반드시 위와 아래가
있으며, 왼쪽과 오른쪽이 있다."[168]라 하였다.

董仲舒는 독특한 中和觀을 가지는 데 中和를 중시하면서도 兩端
의 존재를 인정하지 않는다.『春秋繁露』에서 "德은 和보다 더 큰 것

　　始於南方之中而止於北方之中 陰陽之道不同 至於盛該在於中 其所始也
　　該必於中 中者 天地之太極也"

166) 『春秋繁露』「同類相召」, "天有陰陽 人亦有陰陽 天地之陽氣起 而人之
　　陰氣應之而起 人之陰氣起 而天地陽氣亦宜應之而起 其道一也"

167) 『春秋繁露』「五行相生」, "天地之氣 合而爲一 分爲陰陽 判爲四時 列爲
　　五行"

168) 『春秋繁露』「基義」, "凡物必有合 合必有上 必有下 必有左 必有右……"

이 없고, 道는 中보다 더 바른 것이 없다."169)고 하고, 또 "능히 中和로 천하를 다스리는 자 그 德이 크게 盛하고 능히 中和로 그 몸을 기르는 자 그 목숨을 타고난 命을 다한다."170) 하였으며, "天地의 道에 비록 不和가 있으나 반드시 和로 돌아가 功을 이루게 된다. 비록 不中이 있으나 반드시 中에서 그쳐 잃음이 없게 된다."171)고 하여 中和를 중시한다. 그러면서 中은 道, 和는 德이라 분명하게 구분하고 그것은 우주의 법칙인 동시에 인간의 壽命과도 관계된다고 주장하고 있다. 이러한 漢의 宇宙論 中心 思想은 道德標準의 공고화라는 문제에 있어서는 효과적인 것이 되지 못하였고, 다만 事物의 發展法則을 解明하는 데 있어서는 상당한 성과를 거두었다 할 것이다. 이것은 이후 存在와 當爲를 일치시키려는 宋·明 學者들에게 많은 영향을 준 것이기도 하다.172)

唐代에는 佛敎로 인하여 儒學이 위축되었던 시기이다. 이러한 시기에 佛敎를 排斥한 韓愈는 唐·宋 八大家로 세상에 널리 알려져 있지만, 그가 문장뿐 아니라 儒學思想史的 견지에서도 중요한 위치를 점유하고 있다. 그는 儒學에 관한 몇 편의 논문으로 인하여 당시 思想界에 파문을 던졌을 뿐 아니라, 後期 宋學의 學統을 이어주는 淵源的인 매개를 하는 것이다. 그의 『原道』, 『原性』, 『原人』, 『原毁』, 『原鬼』 등의 논문이 있으며, 그중에도 『原道』는 孔孟의 정통 사상을 선양하는 동시에 老佛을 異端으로 배척하며, 上古로부터

---

169) 『春秋繁露』 「循德之道」, "德莫大於和而道莫正於中"

170) 『春秋繁露』 「循天之道」, "能以中和理天下者 其德大盛 能以中和養其身者 其壽極命"

171) 『春秋繁露』 「循天之道」, "天地之道 雖有不和者 必歸之於和 而所爲有功 雖有不中者 必止之於中 而所爲不失"

172) 趙明彙, 『中庸思想研究』, 동국대 대학원 학위논문, 1991. pp.90-96 參照.

儒道의 道統來歷을 열거하였으며, 孟子 이후 전통이 絶하였다고 하
며, 荀子와 楊雄은 그 학설이 아직 정당하지 않고 그 논설이 상세
하지 않다고 말하였다.173) 그의 性說에 있어서는『原性』이라고 하
는 논문 속에서 그의 見解를 알 수 있다. 그는 性이라고 하는 것이
나면서부터 가진 것이요, 情이라는 것은 物에 接할 때에 生하는 것
이라 하며, 인간의 本性은 上中下 三品이 있어서, 上層의 性品은 性
善이고, 下層의 性品은 惡할 뿐이고, 中層의 性品은 가히 上下의 방
향으로 인도할 수 있다고 규정하였다. 그리고 性의 내용은 仁義禮
智信 五者라고 하고, 情에 있어서도 마찬가지로 上中下 三品이 있
으며, 그 情의 내용에 있어서도 七者가 있다고 하여 性三品說을 주
장하고 있다. 이와 같이 孟子의 性善과 荀子의 性惡과 楊雄의 性善
惡混을 上中下로 분류 정리하게 된 것이다.174) 그의 제자인 李翶는
당시 儒學이 不振함을 개탄하면서 자기 학설을 논술하기를,

儒學經典에 심오한 性命之書가 비록 있다 할지라도 이것은 밝게
아는 자가 없는 고로 세상 사람들이 道家나 儒家의 思想에 빠지게
되며, 알지 못하는 사람은 孔子의 學派에게서는 性命의 道理를 足
히 연구할 수 없다고 하며 모든 사람이 그렇게 여긴다. 나에게 묻
는 이가 있다면 나의 아는 바를 전하리라.175)

---

173)『昌黎先生文集』「原道」, "荀與楊也 擇焉而不精 語焉而不詳"

174)『昌黎先生文集』「原性」, "情也者 接於物而生也 性之品有三 而其所以
　　　爲性者五 情之品有三 而其所以爲情者七 曰何也 曰性之品有上中下 上
　　　焉者 善焉而已矣 中焉者 可導而上下也 下焉者 惡焉而已矣……情之於
　　　性視其品 孟子之言性 曰人之性善 荀子之言性 曰人之性惡 楊子之言性
　　　曰人之性善惡混"

175)『復性書』上篇, "嗚呼 性命之書雖存 學者莫能明 是故皆入於莊列老釋
　　　不知者謂夫子之徒 不足以窮性命之道 信之者皆是也 有問於我 我以吾

고 하였다. 또 或者가 李翶의 解釋은 종래의 註解와는 다르다고 질문을 한 데 대하여 李翶는 "彼以事解 我以心通者也"라고 대답한 것을 보면, 그가 佛家의 心學을 연구하여 自得한 바 있어 以心通者也라고 한 것이니, 스스로 佛家의 학설을 가지고 儒家의 經典을 解釋하는 것은 佛家의 논리를 가지고 自證하는 말이라고 할 수 있다. 이와 같이 『周易』과 『中庸』과 『大學』의 格物致知說로 道·佛의 사상을 조화하려는 李翶는 宋代 性理學의 先驅가 되며 宋代 道學家들이 『周易』과 四書를 중심으로 연구하게 되는 것도 韓愈와 李翶에서 발단한다고 하겠다. 李翶는 『復性書』에서

> 情은 性의 사특함이다. 그 情이 사특함임을 알면 사특은 본래 있지 않아서 마음이 고요하여 동요하지 않게 된다. 사특하다는 생각도 저절로 사라지니 오직 本性이 밝아지므로 사특함이 어디에서 생길 수 있겠는가. 만일 情을 가지고 情을 저지한다면 이것이 바로 大情이다. 情이 서로 저지한다면 그뿐이다.176)

라고 하여 그는 性·情·邪에 대하여 情이 性을 현혹하게 하는 것으로 보고 있다. 性은 마치 佛敎의 眞如와 같고 그 性을 현혹하게 하는 情은 佛敎의 번뇌망상에 해당하는 이론이라고 할 것이다. 『復性書』에 있어서 性情을 대립시켜 性을 純善한 것, 情을 本無妄邪로 규정하여 惡의 원인이라고 하는 性情論은 漢代에 있어서의 陰陽 二元的 善惡觀과는 그 내용이 다르니, 性情을 對等한 格으로 설명하여 體用으로 보는 相對的인 情이라고 함이 아니요, 情은 佛敎의 번

之所知而傳焉"

176) 『復性書』 中篇, "情者性之邪也 知其爲邪 邪本無有 心寂不動 邪思自息 惟性明照 邪何所生 如以情止情 是乃大情也 情互相止 其有已乎"

뇌 망상과 같이 本來體가 없는 것으로 여기는 것이다. 李翶는 在來 儒家들이 생각하는 情은 부정하지만 體에 대한 用을 부정한 것은 아니다. 그가 말하는 性은 體로서 動靜과 善惡의 일체의 상대성을 초월한 자리요, 이 性이 用으로 발로할 때 이것은 情이라 하지 않고 性의 照明이라고 한다. 또 性을 體로 보고 性의 用은 性之라고 하여 이것을 誠이라고 하기도 한다. "誠者 聖人性之也"라 하며 "道者 至誠也"라고 함은 性의 動(用)을 情이라고 하지 않고 誠이라고 하는 것이다.177) 이와 같이 從來의 性의 개념에 대하여 佛敎의 사상을 도입하여 超越的인 性으로 그 의미를 심화시킨 것은 儒學思想史에 있어서 宋代 朱子學이 일어날 수 있는 계기를 마련한 중요한 의미를 갖는다.

3) 朱子의『中庸』解釋

唐末 韓愈와 李翶에 의해서 제기된 中庸思想은 宋代 朱子學의 단초가 되어 程子와 朱子에 의해서 展開되어 體系化되었다. 이러한 中庸 解釋의 방향을 크게 나누어 말하자면 ① 中庸을 德行으로 보는 것과 ② 이러한 德行으로부터 世界全體로 확대하여 해석하는 것 두 가지이다. 程顥·程頤의『二程全書』「遺書」에

中의 理는 지극하다. 陰 혼자는 아무것도 生할 수 없고 陽만으로는 아무것도 生하지 못한다. 偏하면 禽獸가 되고 夷狄이 되지만 中하면 人이 된다. 中하면 치우치지 않게 되고 常하면 변화하지 않게 되니, 오직 中은 족히 그것을 다하지 못한다. 고로 中庸이라고 말하

---

177) 柳承國,『東洋哲學硏究』, 槿域書齋, 1983, pp.164-172 參照.

는 것이다.178)

라 하여 不偏의 中과 不易의 常을 강조하여 다함이 없는 中의 중요
성을 설명하고 있다. 이런 논리는 여러 군데서 나타난다.

치우치지 않는 것을 中이라 한다. 어떤 물건이라도 갖추어지지
않고, 어떤 일에도 作爲하지 않고, 어떠한 한순간도 있지 않다면 中
이 아니다. 中은 치우침이 없는 것이기 때문에 道라 하고 常이라
하며 가히 바뀌지 않기 때문에 中이라 하고 또 庸이라고 한다.179)

고 하였고, 이보다 더 분명하게 言及하고 있는 것은

천지의 변화가 비록 광대무궁하나 음양의 道는 日月과 寒暑와
晝夜의 변화가 恒常됨이 있지 않음이 없으니, 이것이 道가 中庸이
되는 까닭이다.180)

라고 하고, 또

치우치지 않은 것을 中이라 하고, 바뀌지 않는 것을 庸이라 한
다. 中은 천하의 正道이고 庸은 天下의 定理다.181)

---

178)『二程全書』卷15「遺書」, "中之理至矣 獨陰不生 獨陽不生 偏則爲禽獸
    爲夷狄 中則爲人 中則不偏 常則不易 惟中不足以盡之 故曰中庸"
179)『二程全書』卷1「粹言」, "不偏之謂中 一物之不該 一事之不爲 一息之
    不存 非中也 以中無偏故道也常也 而不可易故旣曰中又曰庸也"
180)『二程全書』卷15「遺書」, "天地之化雖廓然無窮 然而陰陽之度 日月寒
    暑晝夜之變 莫不有常 此道之所以爲中庸"
181)『二程全書』卷7「遺書」, "不偏之謂中 不易之謂庸 中者天下之正道 庸
    者天下之定理"

라고 하였다. 二程은 무궁한 천지의 變化에 내재된 恒常된 법칙성
을 중시하고 있는 것이다. 그리고 분명하게 이 道가 中庸이 되는
것이라고 보고 있다. 또 庸을 定理라 하여 所當然之理로 규정하고
中을 正道라 하여 所當然의 所以로 단언함으로써 中과 庸이 體用의
關係라고 한 것이다.

朱子는 이를 이어받아 兩端의 眞實性 자체를 인정하지 않고, "陰
陽은 다만 一氣일 뿐이다. 陰氣가 유행하면 陽이 되고, 陽氣가 응취
하면 陰이 되니 다만 二物로 相對함이 있는 것만은 아니다."182)라
고 하였다. 이것은 一氣이면서 二物로 보아 一而二, 二而一의 논리
로 가진다. 따라서 그는 道心과 人心의 관계도 이러한 一而二, 二而
一의 논리를 설명하고 있다. 그래서 그는 "반드시 道心으로 하여금
一身의 主가 되게 하여 人心이 항상 그것의 명령을 듣게 한다면 위
태한 人心이 안정되고, 미세한 道心이 분명하게 드러나서 행동과
말하는 것이 저절로 過·不及의 차이가 없어지게 된다."183)고 하였
다. 이것이 所謂 朱子의 一而二, 二而一의 논리이다. 그리고 周子는
『通書』에서,

陰陽의 理가 있은 연후에 和한다. 임금은 임금답고, 신하는 신하
답고, 아비는 아비답고, 자식은 자식답고, 형은 형답고, 아우는 아우
답고, 지아비는 지아비답고, 아내는 아내다워 萬物이 각각 그 理를
얻은 연후에 和한다.184)

---

182) 『朱熹集』 卷50 「答楊元范」, "陰陽只是一氣 陰氣流行卽爲陽 陽氣凝聚
卽爲陰 非直有二物相對也"

183) 『中庸章句』 中庸章句序, "必使道心 常爲一身之主 而人心 每聽命焉 則
危者安 微者著 而動靜云爲 自無過不及之差矣"

184) 『通書』 「禮樂」, "陰陽理而后和 君君臣臣父父子子兄兄弟弟夫夫婦婦 萬

라 하여 和를 주장함에 있어서는 差別性을 인정한다. 하지만 이 차별적 理는 分殊의 理이지 본원의 理는 아니다. 따라서 周子가 말하는 和 역시 不同한 것의 調和를 말하는 것이 아니라 二程이 말한 中의 意味이다. 그리고 이러한 庸·和를 朱子는 平常의 理라 하고 있다. 平常의 理에 대하여 "中이란 偏하지 않고 倚하지 않으며 過不及이 없는 것을 가리키며, 庸이란 平常이다."185) "中庸이란 偏하지 않고 倚하지 않으며 過不及이 없는 것, 그리고 平常의 理이다."186) 그리고 庸者의 의미에 대해서 程子는 不易으로서 말씀하셨는데 그대가 平常으로 말씀하시는 것은 무엇 때문인가라는 질문을 하고 이에 답하기를

> 오직 平常이기 때문에 가히 항상 되어 바꾸지 않는 것이다. 만약에 세속을 깜짝 놀라게 하는 것은 잠시일 뿐이지 일상적이 되게 할 수는 없을 것이다. 두 설이 비록 다르나 결국 일치하는 것이다. 平常이라 했을 때 바로 詭異함이 없다는 것을 징험할 수 있는 것만 못하다. …… 所謂 平常이라고 하는 것은 事理가 當然하여 괴이함이 없는 것을 이를 뿐이다.187)

라고 하여 中이 定體가 없어 隨時而在하므로 平常의 理가 된다고 하였다. 中의 定體가 없다는 것은 "君子가 中庸을 함에 어디를 가

　　物各得其理 然後和"

185) 『中庸章句』, "中者不偏不倚無過不及之名 庸平常也"

186) 『中庸章句』, 第二章, "中庸者不偏不倚無過不及而平常之理"

187) 『中庸或問』, "曰庸字之義 程子以不易言之 而子以爲平常何也 曰唯其平常故可常而不可易 若警世駭俗之事 則可暫而不得爲常矣 二說雖殊其致一也 但謂之不易 則必要於久而後見 不若謂之平常 則直驗於今無所詭異 …… 所謂平常亦曰事理之當然而無所詭異云爾"

더라도 들어맞지 않는 것이 없으므로 그 마음이 中庸과 다른 體가 없다."[188]는 無適而不中을 가리키는 것이다.

朱子의 中庸 解釋에 있어서 중요한 문제로 대두되는 것 가운데 未發·已發과 中和 그리고 人心·道心을 들 수 있다. 朱子는 "性은 곧 理다. 天命이 流行하여 人物을 化生함에 理인 性을 부여한다고 함"[189]으로써 天理가 곧 인간의 실천적으로 내재된 性理로 보고 있는 것이다. 天命流行은 生生不已之機로서 體 곧 우주의 실체이기 때문에 中이 곧 體이다. 天命流行之體의 구체적 意義는 寂然不動하고 感而遂通하는 眞機라는 것이다. 寂然不動은 性이 未發한 상태를 말하고, 感而遂通은 已發한 상태를 말한다. 道心·人心은 已發에 속한다. 未發의 中이 곧 體이고, 已發의 和가 用이다. 그의 이러한 中和說은 心을 위주로 已發 未發을 논하는 것인데 未發을 '事物未至 思慮未萌', 已發을 '事物交之 思慮萌焉'으로 본 것이다. 즉 未發은 인식주체가 인식대상을 접촉하기 이전의 心의 상태이고 已發은 인식 이후의 心의 상태라고 하겠다. 즉 中字의 의미는 心의 用을 가리키며, 또 한편으로는 心에 내재된 性으로서의 體를 가리키는 것이기도 하다.

이상에서 살펴본 것과 같이 朱子가 中庸을 解釋함에 있어 그 특징은 心에 내재된 天命之性이고 體로서의 中을 인간에 내재된 普遍的 法則으로 보며, 그리고 그것이 普遍的인 것이기 때문에 영원불변하고 따라서 人間이 진정으로 추구해야만 하는 가치를 가진 것이

---

188) 『二程全書』 卷4 「遺書」, "君子之於中庸 無適而不中 則其心與中庸無異 體矣"

189) 『中庸章句』 第一章, "性則理也 天以陰陽五行 化生萬物 氣以成形而理 亦賦焉"

다. 그리고 中庸은 객관적으로 實在하는 것으로서 모든 價値의 근원인 理를 形象하는 말이다.

2. 晦齋『中庸九經衍義』의 分析

1)『中庸九經衍義』의 體裁

(1) 著述 動機와 目的

晦齋는『中庸九經衍義』序文에서 中庸은 孔子가 魯나라 哀公에게 爲政之道를 告하신 것이라고 하고, 또 이른바 九經은 天下國家를 다스리는 條目까지 들어서 言及한 것이라고[190] 하였다. 그는 이와 같이 中庸 一篇이 爲政之道를 밝힌 帝王의 學이며 그 가운데 九經은 爲治의 條目으로써 中庸 전체의 樞紐로 보고 있으니 이것은『中庸』을 爲政之書로 보고 있는 것이니, 이 책은 이러한 見解에서 晦齋가 性理學的 理想國家를 실현시키고자, 江界의 謫所에서 당시 군주인 明宗에게 二帝三王의 至治를 바라면서 進言할 목적으로 저술한 것이다. 또 序文에서

대개 先聖이 후대에 내려 준 遺訓의 심오한 뜻을 미루어 밝히고, 兼하여『大學衍義』와『大學衍義補』의 精要를 採集하여 經世之法을 갖추어서 聖明(明宗)께 進獻하고자 합니다.……帝王이 存心出治之道와 常德配天之要에는 반드시 작은 보탬이 없지는 않을 것입니다.[191]

---

190)『中庸九經衍義』中庸九經衍義序, "臣謹按中庸 孔子魯哀公以爲政之道 而遂及於爲天下國家之目 所謂九經是也"

라고 하여, 九經衍義에는 經世之法이 갖추어져 있으므로 帝王의 爲
治之道에 도움이 된다고 하였다. 그리하여 당시의 君主인 明宗에게
당부하기를,

> 만일 宮庭에서 燕閑할 적에 이미 眞德秀, 丘濬의 두 책을 取하여
> 參考玩味하여 講明하시고 兼하여 微臣의 九經衍義를 取하여 潛心
> 深味하십시오. 그리하여 마음에 근본하여 政化에 베풀고 하늘을 본
> 받아 間斷하는 바가 없으시면 帝王의 繼天立極之道가 盡善全美하
> 며 堯舜과 三王의 盛大함을 今日에 다시 볼 수가 있을 것입니다.
> 臣이 삼감은 實로 이에 있사오니, 바라옵건대 明主(明宗)는 이를
> 恕察하시옵소서.192)

라고 하였다. 이는 趙光祖가 政治的으로 실현하고자 했던 至治의
논리적 근거와 學問的인 전개를 九經衍義에 담아 帝王爲治의 學問
을 이루고자 하였으며, 아울러 이를 明宗에게 進獻하여 聖君이 되
도록 힘써 노력하고 當世에 堯舜과 같은 至治가 이루어지기를 간절
히 所望하고 있음을 알 수 있다.

또한 『中庸九經衍義』 跋文에서 이르기를,

> 아! 예부터 聖賢이 治道를 말한 것은 大學보다 詳細한 것이 없
> 었고 九經보다 要緊한 것이 없었는데 眞西山은 그전에 『大學衍義』

---

191) 『中庸九經衍義』 中庸九經衍義序, "盖欲推明先聖垂訓之奧旨 兼採二書
　　 之精要 以備經世之法 而爲聖明之獻也 …… 然於帝王存心出治之道 常
　　 德配天之要 未必無小補"
192) 『中庸九經衍義』 中庸九經衍義序, "儻於 宮庭燕閑之地 旣取二子之書
　　 參玩講明之 兼取微臣之所衍 潛心而深味之 本之心以施于政化 法乎天
　　 而無所間斷 則帝王繼天立極之道 盡善全美 而堯舜三王之盛 可以復見
　　 於今日矣 臣之惓惓 實在於此 惟明主恕察焉"

를 지었고, 先生은 뒤에 와서 『九經衍義』를 지었으므로 天下國家를 다스리는 道가 크게 갖추어져 남김없이 發揮되었다.[193]

고 하여 『大學衍義』와 『中庸九經衍義』에 天下國家를 다스리는 道가 크게 구비되어 있다는 것을 되풀이 강조하고 있다.

그리고 晦齋는 朝鮮에 儒敎의 理想政治, 곧 二帝三王의 聖代를 구현하기 위하여 학문적으로 體系化할 필요성을 인식하고 이를 中庸의 九經을 통하여 提示하였다. 이러한 필요성은 晦齋가 정치적으로 士禍를 통하여 士林들의 政治 실현이 좌절되는 것을 직·간접적으로 겪었다는 현실적인 이유도 있지만, 學問과 思想的으로 朱子의 『大學章句』와 眞德秀의 『大學衍義』, 丘濬의 『大學衍義補』 등을 玩味하면서 疑惑을 갖게 되었다. 즉 晦齋는 『大學章句』에 대하여 전문에는 '本末' 章이 不必要하다고 단정 짓고, 이를 經文의 結語로 두었으며, '格致' 章의 本文은 遺失되지 않고, 『大學章句』의 經文 속에 있다고 결론지어 『大學章句補遺』를 著述하였다. 또 朝鮮에 儒敎의 理想國家를 건설하기 위하여 『中庸』의 '哀公問政' 章에서 九經의 條目에 主眼을 두어 帝王爲治之說을 九經衍義와 衍義別集을 저술하였으니, 이는 『中庸』을 聖學으로 보고 『中庸』의 이론을 통해 王道政治를 실현하고자 한 것이다.

이처럼 晦齋는 『中庸』의 九經을 主로 삼아 衍義하게 된 직접적인 이유를 序文에서 眞德秀의 『大學衍義』에는 治國·平天下의 두 條目이 빠졌고, 丘濬의 『大學衍義補』에는 爲治之要인 配天·敬天의 說까

---

193) 『中庸九經衍義』 中庸九經衍義跋, "嗚呼 自古聖賢 言治道者 莫詳於大學 莫要於九經 西山衍之於前 先生暢之於後而治天下國家之道 大備無餘蘊矣"

지는 미치지 못하기 때문이라고 밝히고 있다. 따라서 晦齋는 治國ㆍ平天下에 置重하여 九經衍義를 통해 說破하려고 하였다. 그런데 안타깝게도 晦齋는 『中庸九經衍義』와 『中庸九經衍義別集』의 目錄을 설정해 놓고 九經의 九目 중 修身ㆍ尊賢ㆍ親親의 세 條目, 총 17卷까지 衍義하였을 뿐이다. 또 別集의 六目 중 體天道ㆍ畏天命ㆍ戒滿盈의 세 條目, 총 11卷만 附義하였고 나머지 廣聰明ㆍ明敎化ㆍ正禮樂은 목록만 있을 뿐 본문은 완성하지 못하였다.

晦齋는 『中庸九經衍義』 및 『中庸九經衍義別集』은 유배지에서 생을 마치는 바람에 미처 완성하지는 못하였지만 總論과 그가 衍義한 항목과 세목만 가지고도 그곳에서 제시하고자 한 帝王爲治之道는 잘 드러나 있다고 하겠다.

(2) 『中庸九經衍義』의 體裁와 編次

『中庸』의 哀公問政章에서 孔子가 말한 九經 條目의 次序는 修身, 尊賢, 親親, 敬大臣, 體群臣, 子庶民, 來百工, 柔遠人, 懷諸侯이다. 晦齋는 이 九經의 조목이 本에서 末에 미쳤으며 가까운 데서 먼 데까지 미쳐서 大學의 八條目과 더불어 서로 表裏가 되기 때문에 帝王爲治의 規模가 갖추었다고 확신하였다.194) 곧 晦齋는 哀公問政章의 明善은 格物致知이며, 誠身은 誠意ㆍ正心ㆍ修身을 總括하여 指目한 것이고, 尊賢은 修身之道의 增進을 위한 것이라고 보았다. 또 親親은 齊家이며, 敬大臣ㆍ體群臣ㆍ子庶民ㆍ來百工은 治國에 속하며, 柔遠人ㆍ懷諸侯는 平天下에 해당한다. 이와 같이 九經之目과 大學八條

---

194) 『中庸九經衍義』 中庸九經衍義序, "其序 首之以修身 而次之以尊賢 親親 又次之以敬大臣 體群臣 子庶民 來百工 以至於柔遠人 由本而及末 由近而及遠 盖與大學之八條目相爲表裏 帝王爲治之規模備矣"

目을 상호 연관하여 修己治人으로 보면, 修己之道에 속하는 條目이 『大學』이『中庸』보다 더 체계적이고 자세한 반면에 治人之道에 해당하는 條目은『中庸』의 九經이『大學』보다 구체적인 것을 알 수 있다. 또『大學』은 學者들에게 修己治人之道를 가르치기 때문에 進德修業의 修身之功을 爲主로 한다면『中庸』은 人君에게 爲政之道를 告한 것이므로 經世之目이 詳細하다고 보았다. 구체적으로 大學之道를 통하여 治平之功을 거두려고 하려면 반드시『中庸』의 九經之目을 펼쳐야 하고『中庸』의 九經으로 말미암아 修身之道를 다하고자 하려면『大學』의 格致誠正을 가지고 進德修業의 段階로 삼아야 한다는 것이다.195) 이는『中庸』과『大學』이 상호 간에 表裏本末의 관계로써 반드시 補完的인 점을 언급한 것이며, 또한 동시에『大學』・『中庸』의 두 篇을 帝王의 修己・治人之道로 一貫하여 보는 獨特性을 드러냈다고 할 수 있다.

現傳하는『中庸九經衍義』가 비록 晦齋의 帝王之學을 절반도 드러내지 못했다고는 하나, 體裁를 살펴보면『中庸九經衍義』에서 제시하고자 했던 목적을 찾아 볼 수 있다.

『中庸九經衍義』의 編次는 總論을 포함하여 크게 셋으로 구분하여 總論爲治之道, 爲天下國家之本, 爲天下國家之要로 되어 있다. 그리고 總論爲治之道를 첫머리로 하여 爲天下國家之本에 속하는 修身을 그 다음에 두었고, 이어서 爲天下國家之要에는 尊賢에서 懷諸侯까지의

---

195)『中庸九經衍義』中庸九經衍義序, "竊謂大學之書 教學者以修己治人之道 故詳於進修之功 而略於爲治之目 中庸之九經 告人君以爲政之道 故詳於經世之目 而略於修己之功 二書之義 盖互相發也 由大學之道而欲收治平之功 不可不取中庸之九經以爲設施之條目 由中庸之九經而欲盡修身之道 不可不取大學之格致誠正 以爲進修之段階 其序有不可亂而功不可闕也"

八目을 두었다. 修身은 다시 總論修身之道, 講學明理之功, 誠意正心之功, 言行威儀之謹의 細目으로 나누었다. 또 尊賢의 細目은 總論尊賢之義, 存好賢之誠, 辨賢邪之實, 審消長之幾, 去讒邪之間, 遠色貨之蠱이며, 親親의 細目은 總論親親之義, 盡孝悌之道, 嚴正家之法,[196] 惇九族之敍으로 나누었으며, 治國에 해당하는 九經의 來百工 條目과 平天下에 속하는 柔遠人, 懷諸侯의 條目은 그나마 細目조차 없으니, 이를 설정조차 못한 채로 타계한 것이다. 이 책은 衍義와 別集으로 나누어 모두 27篇으로서 '修身'·'尊賢'·'親親'을 論한 것이 15篇이고, '體天道'·'畏天命'·'戒滿盈'이 12篇이고 敬大臣 이하는 完成을 보지 못하였다. 그러나 일찍이 그 書에 대하여 論한다면 道가 위에 서고 皇極이 세워지고 賢才가 登用되어 모든 일이 整理되고 九族이 敦篤해져 百姓이 平章되는 것이요, 이것이 九經의 綱領이라고 할 수 있다.

『中庸九經衍義』는 晦齋가 이렇듯이 독창적인 안목으로 帝王爲治의 學問을 확립하고자 하였음에도 불구하고 그 완결을 이루지 못한 채 타계하였으니 이는 우리나라 性理學의 전개에 있어서 매우 불행한 일이라고 하겠다. 그러함에도 불구하고 특히『大學』과『中庸』을 修己와 治人의 學으로 파악하여 독자적인 見解를 천명함으로써 이른바 조선조 성리학이 心性을 위주로 심화 발전되어 나아가고, 退溪와 栗谷 이후에 朝鮮性理學이 聖學이라는 聖君至治로 전개되는 초석이 마련하였다는 데에 그 의의가 크다고 하겠다.

---

196) 第16卷에 親親五 嚴正家之法이라 하였으니, 아마도 목록을 설정할 당시 重配匹之際라고 적은 뒤에 本文을 전개하면서 名稱을 바꾼 것으로 보인다. 따라서 목록의 기록을 따르지 않고 본문의 細目을 따랐다.

2) 『中庸九經衍義』의 內容

(1) 君主의 經世論

晦齋의 『中庸九經衍義』는 帝王之學으로서 君主의 經世論에 대해 논술한 것인, 바로 儒敎의 理想社會의 具現을 밝힌 것이다. 晦齋는 『中庸九經衍義』에서

> 그 내면이 專一하지 않으면 그 외면을 制御할 수 없으며, 그 외 면이 整齊하지 않으면 그 중심을 涵養할 수 없는 법이니, 靜할 적 에 存養하지 않으면 천하의 근본을 세울 수 없으며, 動할 적에 省 察하지 않으면 그 私慾을 극복할 수 없는 것이다. 그러므로 齊明盛 服하여 非禮不動한 즉 內外가 서로 修養이 되어서 動과 靜이 어긋 나지 않게 되니, 이 때문에 修身의 要가 되는 것이다.[197]

라고 하여 內外存養과 動靜不違가 修身의 要諦이자 經濟의 근본을 강조하고 있다. 또

> 帝王之學의 要는 誠意 · 正心하여 修身을 齊家 · 治國 · 平天下의 根本으로 삼는 데 있으며, 誠意 · 正心이 되는 要는 또 理를 밝히는 것으로 우선을 삼으니, 이것이 이른바 格物致知라는 것은 학문을 강론하여 이치를 밝히는 일이다.[198]

---

197) 『中庸九經衍義』 卷1 「總論爲治之道」, "不一其內 則無以制其外 不齊其
　　 外 則無以養其中靜 而不存則無以立其本 動而不察 則無以勝其私 故齊
　　 明盛服 非禮不動 則內外交養 而動靜不違 所以爲修身之要也"

198) 『中庸九經衍義』 卷3 「修身二」, "帝王之學 其要在於誠意正心以修其身
　　 以爲齊家治國平天下之本 而其所以誠意正心之要 則又必以明理爲先 夫
　　 所謂格物致知者 講學明理之事也"

라고 하였다. 곧 誠意·正心으로 그 몸을 닦아서 齊家·治國·平天下의 근본으로 삼는 데에 있으니, 君主는 항상 齊家·治國·平天下의 根本이 되는 修身에 잠시라도 게을리 해서는 안 됨을 강조하고 있다. 또

> 마음의 本體는 湛然히 至正한 것이지만, 혹은 形氣에 구속되고 혹 物欲에 빠져서 드디어 本體의 바름을 잃게 되는 것이다.199)

라고 하였으니, 이는 마음의 本體가 아무리 至正하더라도 잃어버릴 수 없음을 경계한 것이다. 君主는 항상 至正한 마음의 본체를 잃지 않도록 講學明理하여 修身에 힘써야 한다는 것을 강조한 것이다. 또한

> 絜矩의 마음으로써 絜矩의 政治를 行한다면 광대한 天下에 장차 한 사람이라도 그 본분을 얻지 못한 이가 없을 것이며, 한 가지 일이라도 그 이치를 얻지 못한 것이 없을 것이며, 한 地方이라도 그 敎化를 順從하지 않는 곳이 없을 것이다. 사람마다 그 어버이를 친애하고 그 어른을 어른으로 섬기고 孤를 규휼하여 家에서 나라로 미치면 나라에 그러하지 않은 사람이 없으며, 나라에서 天下로 미치면 天下에서도 그러하지 않은 사람이 없을 것이니, 이른바 王道가 平平하고 湯湯하여 王道의 正直은 端緒가 이에 있다는 것이다.200)

---

199) 『中庸九經衍義』 卷5 「修身四」, "心之體 湛然至正 而或拘於形氣 或流於物欲 遂失其本體之正"

200) 『中庸九經衍義』 卷1 「總論爲治之道」, "以絜矩之心 行絜矩之政 天下之大 將無一人不得其分 無一事之不得其理 無一地之不從其化 人人親其親 長其長 恤其孤 由家而國 國無不然 由國而天下 天下無不然 所謂王道平平 王道湯湯 王道正直 端有在於斯矣"

라고 하여 經世의 근본이 修身에 있으니, 이런 修身의 道를 齊家·治國·平天下에 미루어 넓히는 것이라고 하였다.

晦齋는 『中庸九經衍義』의 修身篇에서 '帝王의 齊家·治國·平天下의 근본이 모두 修身에 있다.'고 하여 君主의 經世의 條目인 九經 중의 '修身으로 보고, 修身의 條目으로 講學明理·誠意正心·言行威儀 등의 공부에 致意할 것을 君主(明宗)에게 提示하고 있다. 道學政治의 기본요건인 君主의 修身을 강조하여 明宗에게 進言하기를,

> 唐虞 三代의 政治도 身心에 근본하지 않고서 天下에 達하는 것은 있지 아니하였습니다. 대개 君主는 萬方의 종주이고 마음은 君主의 몸의 主體이니, 君主의 마음이 바르면 천하의 일이 바르지 않는 것이 없습니다. 만약 그 根本을 바르게 하지 않고 末葉이 다스려지기를 求한다면 가능하겠습니까.[201]

라고 하고 君主의 修身이 天下의 일을 바르게 하는 바탕이 됨을 강조하고 있다. 또

> 아! 道學이 세상에 밝지 못함이 오래 되었습니다. 聖賢은 비록 時代가 멀어졌더라도 遺言은 泯滅되지 않았으므로, 臣은 經訓과 先儒의 論으로 聖學에 功이 있는 것을 가리어 取하여 이 篇에 저술하였습니다. 千載一時에 聖神이 다스리심에 緝熙光明하여 부지런히 쉬지 않고 淸閑하게 홀로 계실 적에 수시로 省覽하여 潛心玩索하십시오. 그리하여 얻음이 있으면 帝王의 爲學之要와 爲治之本이 이에 구비되며, 程子와 朱子 같은 몇몇 군자의 嘉言과 格論이 오늘날

---

201) 『中庸九經衍義』 卷1 「總論爲治之道」, "唐虞三代之治 未有不本於身心而達之天下者 盖君爲萬方之宗 心爲君身之主 君心正則天下之事無所不正矣 若不正其本而求末之治 其可得乎"

에 쓰이게 될 것입니다. 이러한 배움이 있으면 반드시 爲學의 효용
이 있을 것이니, 百世토록 없었던 善治를 어찌 今日에 다시 볼 수
없겠습니까. 聖明의 世에 이루어지기를 길이 바라옵니다.[202]

라고 하였다. 이것은 士林 出身으로서의 당대 國王의 善治(仁政)를
君主의 出治의 先行要件인 修身 공부를 통해 一面의 기대를 걸어본
것이다.

　『中庸九經衍義』에서 晦齋는 經世의 條目 중에서 修身을 「爲天下
國家之本」으로 보고 있으며, 尊賢 以下의 諸條目을 統治者인 君主의
統治要領으로서 「爲天下國家之要」로 보고 있다. 『中庸九經衍義』의
尊賢篇과 親親篇은 『中庸』에서 말하는 "仁은 사람다움이니 親親이
크고, 義는 마땅하게 하는 것이 없다."고 하여 '尊賢', '親親' 두 가지
를 「爲天下國家之本」이라고 하고, '尊賢', '親親'의 조목으로 제시한
여러 항목 가운데 특히 「去讒邪之間」과 「嚴正家之法」의 項目에 대
해서 다른 항목보다 방대하게 서술하고 있다. 이것은 당시의 政局
과 연관된 것이라고 하겠다. 당시 士禍의 慘禍 속에서 功臣・戚臣이
中心이 된 소위 勳舊派가 그들의 세력을 확장하고 后妃와 戚臣이
政治에 깊이 介入하였으니 政治的 腐敗와 民의 生活苦를 가져오게
했다. 이런 상황에 대해 晦齋는 그 근원을 君主의 經世論에다 관심
을 돌리고 이것을 婉曲하게 논평한 것이 이 두 項目이 아닌가 생각
된다. 晦齋는 「去讒邪之間」에서

―――――――――――――――

202) 『中庸九經衍義』 卷4 「修身三 講學明理之功」, "嗚呼 道學不明於世 久
　　 矣 聖賢雖遠 遺言不泯 臣掇取經訓及先儒之論 有功於聖學者 著于篇
　　 千載一時 聖神臨御 緝熙光明 孜孜不倦 淸間之燕 時賜省覽 潛心玩索
　　 而有得焉則 帝王爲學之要 爲治之本 備於此 而程朱數君子之嘉言格論
　　 皆將爲今日用矣 有是學 必有爲學之效 百世未有之善治 豈不可復見於
　　 今日乎 深有望於聖明之世"

예부터 국가 亂亡의 禍가 이로 말미암지 않음이 없으니 그 매어
있는 바가 진실로 크지 않겠는가. 君主가 진실하게 능히 마음을 비
우고 이치를 살펴서 밝은 지혜로 간사함을 비춰 본다면 어찌 여기
에 이르겠는가. 물욕에 가려져서 간사하고 偏佞한 신하들에게 미혹
이 되면 是非와 邪正을 분별하지 못하게 되어 이런 극한 상태에
이르게 되니 가히 경계하지 않겠는가.203)

라고 하여, 王朝의 安危는 군주가 臣下의 賢·邪를 명찰하느냐 못하
느냐에 좌우됨을 언급하였다. 더욱이 그는 과거의 역사를 歷考하면
서 奸臣의 제거를 君主에게 간절히 進言하였으며,204)「嚴正家之法」
에서는 后妃의 政事 干與에 대한 강한 反論을 제기하여

혹시라도 皇后로 하여금 政事에 干與하여 정사를 주관하게 한다
면 암탉이 새벽을 맡은 것처럼 陰과 陽이 常道에 어긋날 것이다.
이것이 妖孼이 되어 禍亂이 일어나는 것이다.205)

라고 하여, 后妃의 政事 介入은 결국 王朝의 禍亂을 초래하게 됨을
말하였고, 宋의 儒學者 魏了翁의 기록을 인용하여 后妃와 戚臣의
政事 干與의 배제를 통한 王權强化를 내세우고 있다.206)

---

203) 『中庸九經衍義』 卷12「尊賢五 去讒邪之間」, "自古國家亂亡之禍 靡不
由此 其所繫 顧不大哉 人主誠能虛心察理 明以照奸 豈至於是乎 由其蔽
於物欲而爲奸佞所罔於是非邪正之際 漠然不能辨 乃至此極 可不戒哉"
204) 『中庸九經衍義』 卷12「尊賢五 去讒邪之間」, "是以古之聖哲之主有志於
任賢才保國家 必去讒佞爲急"
205) 『中庸九經衍義』 卷16「親親五 嚴正家之法」, "或不戒女壯之 漸使之預
政幹蠱則比如牝鷄之司晨 陰陽反常 是爲妖孼 而禍亂作矣"
206) 『中庸九經衍義』 卷16「親親五 嚴正家之法」, "呂王臨朝漢祚中絶武韋專
政 唐室幾亡 如比之類甚多 前鑑孔昭可不戒哉"

이로써 보면 經世의 根本을 修身에 두고, 九經 중에 '尊賢'·'親親' 이 두 가지를 帝王爲治之本이라고 하여 君主의 간신과 戚臣을 구별 하는 것이 經世의 기본임을 밝히고 있다.

(2) 君主의 仁政論

晦齋는 『中庸九經衍義』 別集 「體天道」편에서 君主의 好生之德을 강조하고 있다. 이 好生之德에 관한 논술을 다른 項目에 갑절이 넘 게 서술하여서 仁政論을 說破하고 있다. 그는

> 讒邪를 믿으면 賢者를 信任하는 것이 專一하지 못하고, 財貨와 女色을 탐하면 賢者를 좋아함이 篤實하지 못할 것이니 賈捐之의 이른바 後宮에 女色이 盛하면 賢者가 隱居하고 佞人이 用事하면 諫臣의 입을 막는다는 것이다. 대개 저울을 잡은 형세로서 이쪽이 무거우면 저쪽이 가벼운 법이니, 이치가 진실로 그러한 것이다.[207]

라고 하여 讒邪를 멀리하고 賢者를 신임해야 仁政을 펼 수 있다고 주장하였다. 또

> 讒邪를 除去하고 女色을 멀리하고 財貨를 賤視하여 한결같이 德 行을 貴重하게 생각하는 것이 勸賢의 道가 된다. 親愛하면 그가 貴 하기를 바라고 사랑하면 그가 富하기를 바라고 兄弟와 姻戚들은 서 로 疎遠함이 없기를 바라므로, 그 地位를 높여주고 祿을 厚하게 하 며 그 好惡를 같이하는 것은 親親을 권면하는 道가 되는 것이다.[208]

---

207) 『中庸九經衍義』 卷1 「總論爲治之道」, "信讒邪則任賢不傳 循貨色 則好 賢不篤 賈捐之所謂後宮盛色 則賢者隱處 佞人用事 則諍臣杜口 盖持衡 之勢 此重則彼輕 理固然也"
208) 『中庸九經衍義』 卷1 「總論爲治之道」, "故 去讒遠色 賤貨而一於貴德

라고 하여 勸賢과 勸親親의 道를 구체적으로 말하여 임금의 덕행을
강조하였고, 어진 이가 정사에 참여해야 함을 밝히고 있다. 그리고

> 아! 君主의 一心은 萬化의 根源이로다. 君主로서 政治하는 것의
> 근본이 있다는 것을 알고 그 마음을 바르게 할 것을 생각한다면
> 好惡를 공변되게 하고 邪正을 辨別하여 사람을 쓰고 버림이 모두
> 이치에 합당하고 政事가 그릇되는 일이 없을 것이다. 신하로서 政
> 治를 보좌하는 요령이 있다는 것을 알고 君主의 마음을 바로잡을
> 것을 생각한다면 陳善閉邪하여 조금이라도 마음을 다하지 않을 수
> 없으므로 君主를 聖君으로 만들고 백성에게 은택을 끼치되 작은
> 업무에 精神을 虛費할 필요가 없을 것이다.209)

고 하였다. 人君이 爲治之本을 알고 正心하고, 人臣은 輔治之要를
알고 임금의 그릇된 마음을 바로잡아야 仁政이 이루어진다고 하였
으며 그래서 政事가 다 이루어지고 혜택이 백성에게 미친다고 보았
다. 그리고 理想的인 君主는 『中庸』의 九經을 잘 實踐해 나가는 人
君으로 보았다. 또

> 九經의 道는 모두 君主의 마음에 根本 하니, 마음이 誠實하지 않
> 으면 九經의 條目이 모두 虛文에 돌아가서 政治를 할 수 없다. 옛
> 날의 聖帝明王이 九經의 道를 行하는 데 하나로써 관통하였으니,
> 이것이 人心을 감동시켜 天下가 和平해진 所以이다.210)

所以爲勸賢之道也 親之欲其貴 愛之欲其富 兄弟婚姻 欲其無相遠 故尊
位重祿 同其好惡 所以爲勸親親之道也"

209) 『中庸九經衍義』卷1 「總論爲治之道」, "嗚呼 人主一心 萬化之源 人君
而知爲治之有本 思所以正其心 則公好惡辨邪正 而用舍皆合於理 政事
無所闕失矣 人臣而知輔治之有要 思所以格其心 則陳善閉邪 不容有一
毫之不盡 致君澤民不必疲精於細務矣"

라고 하여, 九經之道는 人主의 마음에 있으며 先王이 화평하게 통치하는 것도 九經의 道라고 확신하고 있다. 아울러

> 대개 君主는 一身이 天位의 尊嚴한 자리에 處하여 萬邦의 師表가 된다. 그래서 임금의 一動一靜을 上帝가 굽어 살펴서 상과 벌로서 應이 있고 一言一行을 萬民이 觀聽하여 따르고 거스름의 徵驗이 있는 것이다. 이 때문에 비록 聖哲의 君主일지라도 산가 修身하지 않을 수 없는 것이다.[211]

라고 하여, 仁政이 君主의 修身을 통하여 실현됨을 강조하고 있다.

또한 九經의 道는 君主의 마음에 근본 하였으니 마음에 정성이 없으면 아홉 가지가 空虛한 것이라고 하여 九經을 행하는 要領을 一에 있다고 하였으니, 一이란 것은 誠을 말한 것이다. 誠을 통해서 儒家에서 이른바 聖君明王처럼 九經의 道를 행해 民心을 감동시켜 나라를 安定케 하는 것이 理想的인 君主라고 피력하였다. 誠을 실현하기 위한 君主의 마음가짐과 그 자세를 제시해 놓은 것이 바로 『中庸九經衍義』의 別集으로 나와 있는 「體天道」·「畏天命」·「戒滿盈」이다. 이들 條目 중에서도 특히 강조한 것은 「體天道」편에서 君主의 好生之德이다. 이 好生之德을 중심으로 晦齋의 仁政論이 부각되고 있다. 그는 「好生之德」에서 仁政論을 체계적으로 설명하기를,

---

210) 『中庸九經衍義』 卷1 「總論爲治之道」, "九經之道 皆本於人主之心 心有不誠則九者皆歸於虛文 而無以爲治矣 古之聖帝明王 行九經之道 而一以貫之 此所以感人心而天下和平也"

211) 『中庸九經衍義』 卷2 「修身一」, "盖人君 以一身 履天位之尊 爲萬邦之表 一動一靜 上帝監臨而休咎之應 一言一行萬民觀聽 而有從違之驗 故雖以聖哲之主而不可不謹其修也"

사람이 다 같이 좋아하는 것은 '生'이며 다 같이 欲求하는 것은 '財'이니, 이것이 天下의 마음이다. 生은 사람의 근본이니 財가 없으면 生할 수 없고 財가 비록 足하다 하더라도 사람이 義를 알지 못하여 혹시라도 刑辟에 빠지면 또 그 生을 보존할 수 없다. 財를 다스려 民을 양육하고 義를 밝혀 民을 敎化하는 것이 聖人의 好生之德이다. 仁이란 것은 天地가 物을 生하는 마음이요 사람이 얻어서 生하는 것이니, 이른바 君主가 大寶의 자리에 앉아서 民과 物의 主가 되니, 만약 天地의 마음을 체득하여 政事를 하지 않으면 君主된 道를 잃을 것이다. 어찌 그 자리를 보전할 수 있겠는가.212)

라고 하였다. 그는 우선적으로 養民을 통하여 民의 生業을 안정시키고 그 다음에 교화를 통하여 道德敎育을 강조하여 이상적인 政治道를 仁政에 두고 있으니 이것이 곧 士林派가 지향하는 道學政治이다. 이로서 보면 民의 生業安定과 道德敎育을 통하여 帝王의 仁政을 펼칠 수 있으며 이러한 仁政을 펼치는 도학정치로 임금의 好生之德에 근본을 두고 君主가 天道를 체득함으로써 好生之德을 갖추게 되어 仁政을 행할 수 있다고 보고 있다.

---

212) 『中庸九經衍義』 卷14 「體天道四 廣好生之德」, "人之所同好者生也 所同欲者財也 天下之大情 盡於此矣 生者人之本也 無財則無以生 財雖足矣 人不知義而或陷於刑辟則又無以保其生矣 理財以養民 明義以教民 無非聖人好生之仁也 仁者即天地生物之心 而人得以生者 所謂元者善之長也 人君居大寶之位 爲民物之主 苟不體天地之心而爲政 失其所以爲主之道矣 安能保其位乎"

3.『中庸』註釋에 대한 比較 考察

1) 朱子와 晦齋의『中庸』해석의 차이

二程은『中庸』을 중시하기는 하였으나 單行本의 저술은 남기지 않았고, 이들을 繼承한 朱子가『中庸章句』를 저술함으로써『大學』과 『中庸』이『論語』와『孟子』와 더불어 儒敎의 기본서인 四書로 정착 하게 되었다. 朱子는『中庸』을 孔門의 心傳으로 보고 程伊川을 계승 하여 自身의 理氣論으로써 中和說을 밝혔다. 그렇기 때문에『中庸』 은 實踐을 優先으로 하는 道德論과 形而上學을 결합하여 體用의 논 리로 전개시키고 있는 儒學의 體系書가 된 것이다.『中庸』은 天人合 一을 지향하면서도, 이를 信仰的 次元에서가 아니라 바로 哲學的 次元에서 嚴密化하고 있으며, 이의 空虛化를 방지하기 위하여 實踐 論으로 보완한 것이다. 二程은 무궁한 天地의 변화에 내재된 恒常 된 法則性 자체를 인정하지 않고 陰陽은 一氣일 뿐이라고 했다. 朱 子는 道心과 人心의 관계를 이러한 論理로써 說明하고 있다.「大學 章句序」에서 "道心으로 하여금 一身의 主가 되게 하여 人心이 항상 그것의 명령을 듣게 한다면 言行이 저절로 過不及의 차이가 없어지 게 된다."[213]고 하였다. 이것이 朱子의 一而二, 二而一의 논리라고 볼 수 있다. 庸과 理는 平常의 理로서 中이란 偏하지 않고 倚하지 않으며 過不及이 없는 것이다. 그러므로 庸은 平常이 되는 것이다. 여기서 未發은 認識主體가 認識對象을 접촉하기 이전의 心이며 旣 發은 認識 以後의 心이라고 말한 것이다.

---

213)『中庸章句』中庸章句序, "必使道心 常爲一身之主 而人心 每聽命焉 則
　　　危者安 微者著 而動靜云爲 自無過不及之差矣"

晦齋도 『中庸』을 孔門의 心法을 전수한 것이라는 점에서는 朱子와 같으나 第20章의 九經을 중심으로 『中庸』을 爲治之書로 보고, 君主의 理想形을 제시하였다. 그리고 이러한 理想形을 현실화함으로써 朝鮮에서 요순과 같은 태평성대를 염원했으므로, 『中庸九經衍義』를 지어 당시의 군주인 明宗에게 進言하려고 한 것이다. 그러므로 『中庸』을 帝王의 爲治之道에 도움이 되는 책으로 認識하였던 것이다. 이 점이 朱子와 다른 獨特性이라고 볼 수 있다. 晦齋의 이러한 시도는 현실 정치에서 크게 반영되지는 않았지만 뒤에 조선조의 儒學이 心性을 위주로 심화·발전해 나가는 데 크게 기여하였다.

이러한 晦齋의 思想은 크게 두 가지 특징을 가진다. 첫째, 君主의 經世論이며 둘째, 君主의 仁政論이다. 經世論의 핵심은 君主의 마음이 바르면 天下의 일이 모두 바르게 되고 君主의 마음이 바르지 않으면 天下의 일이 모두 邪曲하게 된다는 것이다. 그리고 晦齋의 仁政論에서는 君主가 賢者를 신임해야 仁政을 펼 수 있다는 주장이 담겨져 있다.

2) 晦齋의 『中庸』 註釋에 대한 評價

『中庸九經衍義』는 宋나라 眞德秀의 『大學衍義』와 明나라 丘濬의 『大學衍義補』의 體裁를 참작하여 『中庸』의 九經에 관해 衍譯한 것이다. 九經에 대해 이렇게 방대한 저술을 남긴 것은 帝王學 또는 聖學으로 전개되는 데 중요한 역할을 하였으며, 또한 朝鮮 性理學이 心性 중심으로 나아가는 데 기여한 바가 크다고 하겠다.

『中庸』의 哀公問政章에서 孔子가 말한 九經 條目의 次序는 修身·尊賢·親親·敬大臣·體群臣·子庶民·來百工·柔遠人·懷諸侯 등

九經의 義를 부연 설명하여 治道의 요체로서 중요함을 강조한 것이다. 그런데 불행히도 이『中庸九經衍義』의 완결을 보지 못하고 생애를 마치게 되어 敬大臣 이하는 완성하지 못하고 말았지만, 晦齋의 경학사상을 집대성한 것이라고 하겠다. 이『中庸』의 九經之目이 由本及末하며 由近及遠하여서 大學의 八條目과 더불어 相爲表裏가 되기 때문에 帝王爲治의 規模가 갖추어졌다고 확신하고 있으며, 經世의 條目인 修身의 '爲天下國家之本'으로 본 데 대해 '九經' 中 尊賢以下의 諸條目을 統治者인 君主의 統治要領으로서 '爲天下國家之要'로 보고 있다. 또한 君主로서『中庸』의 九經을 잘 實踐해 나가는 것을 理想的인 君主像으로 보고 있다.『中庸』에서 九經의 條目을 서술하고 '誠'을 통해서 儒家에서 이른바 聖君明王처럼 九經의 道를 행해 民心을 감동시켜 나라를 安定케 하는 것이 理想的인 君主라고 피력하였다. '誠'을 실현하기 위한 君主의 마음가짐과 그 자세를 제시해 놓은 것이 바로『中庸九經衍義』의 別集으로 나와 있는 體天道·畏天命·戒滿盈이다. 그리고 '誠'을 실현하기 위한 이들 條目 중에서도 특히 강조한 것은 「體天道」편에서 君主의 好生之德이다. 好生之德에 관한 논술이 다른 項目에 비해 갑절이 넘고, 이 好生之德을 중심으로 仁政論을 설명하고 있다.

晦齋는 國家의 興亡盛衰가 君主가 지닌 마음의 正·不正에 연유되므로 敎化의 중요성을 인식하였다. 결국 君主의 어진 德을 통하여 仁政을 강조하는 實踐的 學問을 확립하였다. 이 책에서 經世의 조목인 九經 중에 修身을 '爲天下國家之本'으로 삼고, 尊賢 이하의 諸條目을 帝王의 統治要領으로서 '爲天下國家之要'로 삼아 통치의 근본과 요체로 설명하고 있다. 따라서 晦齋의 經世論은 君主의 마음을 다스리는 학문으로 발전한 것이다.

  이상에서 살펴본 것과 같이 晦齋의 經學思想은 仁을 核心으로 하는 儒敎的 民本主義에 그 基礎를 두고 있으며, 또한 그것은 執權者인 勳戚들의 民衆에 대한 苛斂誅求를 批判하고, 비록 限界가 있는 것이기는 하지만 民衆들의 편에 서서 이들의 權益을 擁護하고 있었던 당시 士林派의 政治的 立場과 連結되는 것이다. 晦齋의 『中庸九經衍義』는 바로 이른바 帝王之學으로써 理想的인 君主像을 제시하였다. 또한 仁政은 士林派가 지향하는 道學政治로 파악하고 있다. 이러한 仁政을 통하여 民의 安定을 강조한 것은 帝王學으로서 전개되었으며 그 후 退溪 李滉의 『聖學十圖』와 栗谷 李珥의 『聖學輯要』로 발전되었고, 朝鮮 中期 以後 心性論으로 전개되는 계기가 되었다.

Ⅴ. 經學史的 意義

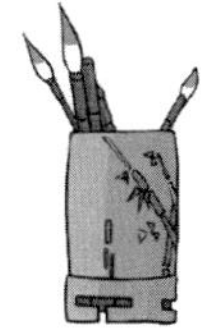

1. 朝鮮 後代의 評價

晦齋의 學問과 思想에 대한 評價는 朝鮮 中期 以後에 활발하게 전개되었다. 그보다 15세 아래인 朝鮮朝 儒學의 巨峰 退溪는 晦齋의 학문에 대하여 찬사를 보냈다. 退溪는 「晦齋 李先生 行狀」에서

> 무릇 선생의 출처와 대절이 忠孝에 일치하였으니 모두 根本한 바가 있는 것이다. 선생은 流配地에서 『大學章句補遺』, 『續大學或門』, 『求仁錄』을 짓고, 또 『中庸九經衍義』를 지었다. 또 『中庸九經衍義』는 完成되지 못했으나 用力이 더욱 깊었다. 이 三書는 가히 先生의 학문을 볼 수 있는 것인데 그 精詣한 見識과 독특한 妙理는 忘機堂 曹漢輔와 더불어 論辯한 書 四, 五篇에 가장 잘 나타나 있다. 그 書의 말들은 우리 道의 大源을 천명하였고 異端의 邪說을 배척하였으며 微精을 꿰뚫었고 上下에 두루 걸쳐 粹然히 正道에서 나온 말이었으니 그 뜻을 玩味한다면 宋諸賢의 緒餘아님이 없으며 朱子의 眞意를 얻었음이 더욱 많은 것이다.214)

라고 하여, 晦齋의 學問이 『大學章句補遺』, 『續大學或門』, 『求仁錄』, 『中庸九經衍義』에 잘 드러나 있으며, 특히 曹漢輔와의 '無極而太極論爭'에 대해서 높이 평하였다.

栗谷은 晦齋의 『大學章句補遺』에 대하여 조목조목 나열하고,

> 내 생각에는 그가 慘禍를 목격했기 때문에 한 시대에 경종을 울려 만일의 경우를 구제하기 위해 仁을 강조하였다고 여겨진다. 그렇지 않다면 쓸데없는 지루한 말을 지어 先師를 가벼이 여긴 것으로 마땅치 않다.[215]

고 하여 『大學章句』에 대한 편차 개정에 대해서는 朱子를 경시한다고 생각하여 부정적인 견해를 취하고 있다.

西厓 柳成龍은

> 晦齋는 道學으로서 세상에 이름이 나서 백대의 儒宗이 되었다. 그의 樹立한 卓然奇偉함은 말한 것도 없고, 다만 입각한 시종만 가지고 말한다면 평생에 道를 곧게 잡아 행하여 행실에 屈曲이 없었다. 비록 風波의 蕩激한 중에 處하여서도 흔들리거나 겁내지 않고 本末이 일치했으므로 조금이라도 의심할 만한 것이 없다.[216]

---

214) 『退溪集』 卷49 「晦齋先生行狀」, "凡先生之出處大節 忠孝一致 皆有所本也 先生在謫所 作大學章句補遺 續大學或問 求仁錄 又中庸九經衍義 未及成書 而用力尤深 此三書者可以見先生之學 而其精詣之見 獨得之妙 最在於與曹忘機堂漢輔論無極太極書四五篇也 其書之言 闡吾道之大源 闢異端之邪說 貫精微徹上徹下 粹然一出於正 深玩味其義 莫非有宋諸賢儒之緒餘 而其得於考亭者 爲尤多也"

215) 『栗谷全書』 卷14 「晦齋大學補遺後議」, "鄙意 晦齋目都慘禍 故作此論 以警一時 欲救萬一耳 不然則恐不當作支蔓之剩語 以輕先師也"

216) 『晦齋先生文集』 卷14 附錄 「恭書御札答館學諸生疏後」, "**晦齋**以道學

고 하여 역시 晦齋의 學問과 人品은 直道而行에 있었다고 찬사를
보냈다. 그러나 西厓 柳成龍도『大學』註釋에 관하여서는 栗谷과 마
찬가지의 태도를 보이면서 "先師(朱子)의 學說에 대하여 가벼이 여
기는 것은 옳지 않으며, 後學들은 古人이 만든 길을 따라 힘써 工
夫하는 것만이 있을 뿐이다."[217]라고 하여 비판적 입장을 취하고
있다.

그러나 晦齋의 제자인 蘇齋 盧守愼과 龍洲 趙絅은 晦齋의『大學』
의 編次 개정과 註釋을 적극적으로 지지하였다. 蘇齋는「晦齋先生大
學補遺後跋」에서 "경전 연구는 한 사람이 다 할 수 있는 것이 아니
며, 조금 다른 설을 제기하더라도 도에 해롭지 않다."[218]고 하였고,
龍洲 趙絅은 그가 쓴『大學章句補遺』跋文에 學者들이 朱子 일변도
의 편협한 학문 자세를 비판하고, "경전은 一家의 書가 아니니, 그
說도 一人이 능히 다 할 수 있는 바가 아니다. 말이 비록 朱子와 다
르더라도 도에 어긋나지 않으면 참으로 朱子가 취할 바라고 한 方
孝儒의 말을 大中至公의 의논이다."[219]라고 하였다. 天下의 이치는
무궁하기 때문에 성인일지라도 다 窮究하지 못하는 점이 있어 前聖
이 발명하지 못한 것을 後聖이 발명하고 前賢이 말하지 않은 것을

名世 爲百代儒宗 其所樹立卓然奇偉 姑置不論 今但就其立朝終始而言
之 平生直道而行 無所回互 雖處風波蕩激之中而不震不悚 本末一致 無
纖毫可疑"

217)『西厓集』卷15「大學章句補遺」, "惟在學者 潛心體驗 循古人已成之塗
　　　轍 着力加實地工夫而已"
218)『蘇齋集』卷7「晦齋先生大學補遺後跋」, "發明經籍 非一家事 遷就少差
　　　何損於道"
219)『龍洲遺稿』卷12「書晦齋先生大學補遺後」, "善乎方正學之言曰 經傳非
　　　一家之書 則其說非一人之所能盡也 語雖異於朱子 然異於朱子 而不乖
　　　乎道 固朱子之所取也 此大中至公之論也"

後賢이 말한다고 하였다. 나아가 그는 聖賢뿐만 아니라, 학자들이 전후로 연역해야 그 뜻이 갖추어진다고 하여 聖賢의 말씀은 맹목적으로 추종하지 않고 연역하는 것이 바로 학자의 사명으로 인식한 것은 중요한 의미를 지닌다고 할 수 있다.

그리고 17세기에 이르러 星湖 李翼은 晦齋의 學說을 지지하고 있지만, 당시의 시대상으로 보아 容納되지 못하였다. 이러한 중에도 崔攸之, 韓汝愈, 崔象龍은 晦齋의 『大學章句補遺』의 뜻이 義理에 맞는 것임을 당당하게 主張하였다. 韓汝愈는 "朱子가 程子를 높여 그 학문을 발휘한 것처럼 晦齋가 錯簡을 개정한 것도 朱子를 높여 그 學問을 발휘한 것"[220]이라고 하였다. 또한 崔象龍도

> 晦齋의 『大學章句補遺』의 뜻이 의리에 합당한 데서 나왔으니, 도리어 朱子가 취할 바이다. 그러므로 朱子와 다르다는 것에 대해 의심하지 않는다. 그러니 내가 어찌 퇴계가 처음 본 논의와 다르다는 것에 혐의를 두어서 의리에 합당한 說을 취하여 말하지 않겠는가.[221]

라고 하여 의리에 합당한 주장은 취해야 한다는 것을 강조하고 있다. 이는 절대적 권위보다는 진리를 더 소중하게 생각한 것으로, 진리를 밝히는 것이 학문 본연의 목적임을 일깨운 것이다.

이상에서 性理學의 繼承, 發展的 次元에서 晦齋에 대하여 조선 중기 이후 학자들의 평가를 살펴보았다. 晦齋는 朱子의 說만을 尊

---

220) 『潛冶集』 卷2 「題晦齋先生改正大學後」, "其尊信程子 而發揮程子之學 爲如何哉 先生之更定錯簡 亦所以尊信朱子 而發揮其學也"

221) 『鳳村集』 卷12 「附大學補遺辨疑」, "晦齋補遺之意 旣出於合於義理 反爲朱子所取 故不嫌於異於朱子 則愚亦豈嫌於異於退溪始見之論 而不取 說合義理之說乎"

信하지 않고 主體的이고 비판적인 시각으로 이를 수용하였다. 晦齋는 聖賢을 맹목적으로 신봉하는 것보다는 의리, 곧 道를 밝히는 것이 後學의 責務로 인식하여 학문의 계승, 발전적인 면을 중시하였다. 이런 학문적 태도는 後學들에게 참된 학문의 정신을 일깨워 주었으며, 학문이 획일화되는 것을 우려한 뜻있는 儒學者들에게 적극 받아들여졌다고 볼 수 있다.

2. 經學史的 意義

儒學이 中國으로부터 우리나라에 전래된 것은 三國時代 이전까지 거슬러 올라간다. 이때에는 대개 漢·唐의 訓詁를 중심으로 한 經學으로써 국가 지배계층을 중심으로 한 爲政者들이 儒敎의 기본지식을 습득하여 敎養을 넓히고 政治·行政·制度에 활용하기 위한 수단에 불과할 뿐 思想的으로 깊이 있게 연구한 것은 아니었다. 이런 경향은 高麗 中期까지 詞章과 訓詁를 중심으로 지속되었다. 高麗 後期에 들어와 안향과 백이정에 의해 朱子學이 받아들여지고 널리 보급시키면서 당시 신흥사대부들에 의해 적극적으로 받아들여졌다.

朝鮮에 들어와 儒敎가 國家 統治理念으로 그 地位를 확립함에 따라 朱子學은 國家 統治體制의 기본방향과 실천방향의 위치를 공고히 하면서 이에 대한 연구가 본격적으로 進行되었다. 鄭道傳은 『佛氏雜辨』과 『心氣理篇』을 저술하여 朱子學의 입장에서 佛敎排斥의 理論으로 전개하였고, 陽村 權近은 『入學圖說』·『五經淺見錄』을 통하여 『大學』과 『中庸』을 중심으로 朱子學의 개념들을 쉽게 이해할 수 있도록 설명하였다. 金泮은 『續入學圖說』, 權採은 『作聖圖論』을 저술하여 權近의 입장을 계승하고 있다. 李石亨의 『大學衍義輯略』은 眞德秀의 『大學衍義』 43卷을 刪定·增補해서 21卷으로 편찬한 것이다. 『大學衍義』는 高麗末에 忠宣王의 萬卷堂을 중심으로 하여 李齊賢·李穡·鄭夢周로 이어지는 신흥사대부들이 당시 선진사상인 주자학을 수용하고 그 이념에 입각하여 우리나라에 이상사회를 건설하려 할 때, 이에 대한 지침으로 사용된 책이다.222) 朝鮮이 개국되고 나서 『大學衍義』의 중요성은 더욱 강조되어 축약본으로 편찬한 것이다. 그리고 柳崇祖의 『大學三綱八目箴』은 『大學綱目箴』·『大學十箴』으로 불리기도 하는데, 明明德箴·作新民箴·止至善箴·使無訟箴·格物致知箴·謹獨箴·正心箴·修身箴·齊家治國箴·絜矩箴 등 10개의 箴으로 구성되어 있다. 이 책은 中宗이 二帝 三王의 학문과 정치에 뜻을 두고 成均館에 나아가 釋奠을 올리고, 崇儒重道의 자세로 經義에 대하여 물으니 이에 지어 올린 글이다.223) 이러한 著述은 晦齋 以前의 韓國 性理學 발전에 일정한 기여가 있기는 하나 性理學 理解의 초보적인 단계로서 獨創的인 체계로 전개되기에는 미흡한 점이 없지 않았다.

이와 같은 조선조 經學은 晦齋에 이르러 보다 실천적이고 통치도구로서 역할을 담당하였다. 晦齋의 經學思想은 사상적 논리체계를 갖추어 儒敎理念을 구현하는 具體的인 학문으로써 자리를 잡기 시작하였다.

晦齋의 經學思想은 朝鮮前期에 있어서 『大學』과 『中庸』을 중심으

---

222) 지두환, 『진경시대』, 「경연과목의 변천과 진경시대의 성리학」, 돌베개, 1998, pp.114-115 參照.

223) 『大學三綱八目箴』(『韓國經學資料集成』2, 大學二), "聖上銳意二帝三王之學之治 親臨大學 躬奠 聖先崇儒重道 橫經問難"

로 性理學을 理解하려는 논리적 기초와 학문적 기반을 확립하고 心性爲主의 性理學으로 발전하는 긴요한 역할을 하고 있다.

晦齋의 經學思想은 『大學』과 『中庸』을 중심으로 전개되었다. 晦齋의 『大學章句補遺』는 朱子의 『大學章句』를 기본으로 하여 『大學章句』를 보완하기 위해 개정한 것이기 때문에 『古本大學』을 기본으로 하여 개편한 것과는 엄연히 구분된다. 이런 관점에서 正祖도 晦齋를 '善學朱子'라고 극찬하였다. 晦齋는 國家의 興亡盛衰가 君主가 지닌 마음의 正·不正에 연유되므로 교화의 중요성을 인식하였고 君主의 어진 德을 통하여 仁政을 강조하는 實踐的 學問을 確立하였다. 『中庸九經衍義』에서 經世의 條目인 九經 중에 修身을 '爲天下國家之本'으로 삼고, 尊賢 以下의 諸條目을 帝王의 統治要領으로서 '爲天下國家之要'로 삼아 통치의 근본과 요체로 설명하고 있다. 따라서 晦齋의 經世論은 君主의 마음을 다스리는 學問으로 發展한 것이다. 晦齋의 經學思想은 朱子學을 바탕으로 한 경전연구의 범주 속에서 이루어졌으나 觀念的인 理論보다 당면한 현실 속에서 性理學의 理念을 구현하려는 儒教의 理想社會를 建設하는 데 主眼點을 두고 있는 것이 특징이다. 특히 『大學』과 『中庸』을 修己治人의 學으로 인식하여 帝王學의 근본과 요체를 밝힌 것은 退溪의 『聖學十圖』와 栗谷의 『聖學輯要』의 형성에도 중요한 영향을 미쳤다는 점에서 經學史的 의의가 매우 크다.

Ⅵ. 結　論

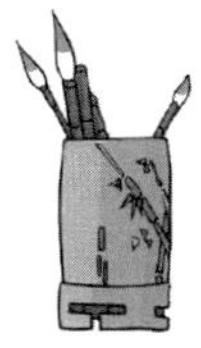

　　이상에서 살펴보았듯이 朝鮮 前期의 經學은 대개 經世爲主의 경향을 띠어 實踐的 학풍이 고조되었다. 그러나 비록 經世爲主의 학풍이 지배적이라 하더라도 그것은 宋代 朱子學의 범위를 뛰어 넘지 못하였고 그 理論을 習得하는 데 치중하였으므로 창의적인 학문으로 발전하지 못했다. 그러나 16세기 晦齋에 이르러 학문 태도와 연구 방향이 크게 달라졌다. 晦齋는 적극적인 現實改革의 의지를 가진 士林派로서 王道政治 실현을 위해 여러 가지 사회 개선안을 제시하고 있다. 晦齋는 관직에 나아가기도 하고 귀양살이도 하면서 性理學 硏究에 침잠하였다. 이런 현실적 관심이 그로 하여금 인간 心性의 문제와 經世의 문제를 깊이 탐구하도록 하고 그 결과 많은 저작들을 낳게 했던 것이다. 이처럼 인간과 사회에 관심을 두게 되면 그 탐구의 영역은 자연히 윤리 도덕과 같은 가치의 문제로 확장될 수밖에 없으며, 이 점은 이미 晦齋의 『大學』과 『中庸』 註釋을 통해 확인할 수 있었다.

　　晦齋는 『大學章句補遺』와 『續大學或問』에서 朱子의 『大學章句』를 비판적으로 수용하여 『大學』의 本義를 밝히려고 노력하였다. 그리고

朱子의 『大學章句』의 編次를 부정하고 經文에 속하였던 '知止', '物有' 두 節을 환치하여 格物傳文으로 삼았으며, 『大學章句』의 '聽訟' 節을 經文의 結語로 옮겨 經1章과 傳9章으로 하였다. 晦齋의 格物致知說은 至近한 것과 人倫을 근본으로 하여 전개함으로써 인간중심의 格致說을 주장하였다.

또한 『中庸』 一篇이 帝王의 爲政之書로 파악하고 性理學的 理想國家를 실현시키고자 『中庸九經衍義』를 저술하였다. 晦齋는 『中庸九經衍義』의 編次를 독창적으로 재해석하여 總論爲治之道, 爲天下國家之本, 爲天下國家之要로 나누었으며, 經世의 根本이 修身에 있고, 九經 중에 '尊賢'·'親親'의 두 가지를 帝王爲治之本이라고 규정하였다. 그리고 理想的인 군주상은 『中庸』의 九經을 잘 實踐해 나가는 것이라고 주장하였다. 따라서 君主는 '誠'을 통해서 九經의 道를 행해 民心을 감동시켜 나라를 安定케 해야 하는 것으로 생각하였다. 晦齋는 國家의 興亡盛衰가 君主가 지닌 마음의 正·不正에 연유되므로 敎化의 중요성을 인식하였고, 君主의 어진 德을 통하여 仁政을 강조하는 實踐的 학문을 확립하였다. 궁극적으로 晦齋의 經世論은 君主의 마음을 다스리는 學問으로 발전하였고, 退·栗의 聖學으로 집대성되어 朝鮮 中期 以後 性理學이 心性論을 중심으로 전개되고, 나아가 人物性同異論으로 발전하는 계기와 기반을 조성하였다고 하겠다.

이상에서 살펴본 바와 같이 晦齋의 『大學章句補遺』, 『續大學或問』, 『中庸九經衍義』에 대한 檢討를 통하여 晦齋의 經學의 特徵과 經學史的 의의를 살펴보았으나, 구체적으로 朝鮮朝 性理學의 位置와 그 意義에 대해서는 아직 규명이 이루어지지 못하였다. 따라서 晦齋의 經學思想과 朝鮮朝 性理學의 관계를 규명하는 것은 후일의 課題로 남긴다.

參考文獻

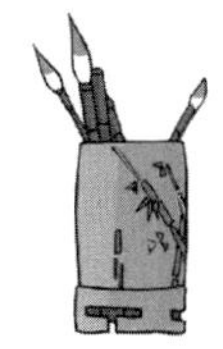

◆ 原典資料

四書集註	四書或問
禮記	朱子語類
朱子大全	二程全書
性理大全	十三經注疏
近思錄	理學類篇
大學古本	昌黎先生文集
大學章句補遺	續大學或問
中庸九經衍義	朝鮮儒敎淵源
大學衍義	大學衍義補
河南程氏遺書	星湖僿說
晦齋先生文集	與猶堂全書
退溪集	栗谷全書
聖學輯要	聖學十圖
潛冶集	屛谷集
西厓集	幽窩居士遺稿

遁翁集   鳳村集
蘇齋集   龍洲遺稿
朱熹集   春秋繁露
孔叢子   復性書
韓國經學資料集成 (大學, 中庸, 論語, 孟子)

◈ 單行本

◇ 一般圖書

고영진, 『조선시대 사상사를 어떻게 볼 것인가』, 풀빛, 1999.

권정안 외, 『朝鮮朝 儒學思想의 探究』, 여강출판사, 1988.

금장태, 『유학사상과 유교문화』, 전통문화연구회, 1995.

금장태, 『유교사상과 한국문화』, 성균관대 대동문화연구원, 1987.

김길환, 『朝鮮朝 儒學思想研究』, 일지사, 1986.

김충렬, 『中國哲學散稿 I』, 범학도서, 1977.

김홍경, 『조선초기 관학파의 유학사상』(한국사상사 6), 한길사, 1996.

배종호, 『韓國儒學史』, 연세대출판부, 1974.

배종호, 『韓國 儒學의 哲學的 展開』, 연세대출판부, 1985.

안병주 外, 『儒學原論』, 成均館大出版部, 1992.

양종국, 『宋代 士大夫社會 研究』, 三知院, 1996.

오석원 外, 『朝鮮朝 儒學思想의 探究』, 여강출판사, 1988.

유승국, 『韓國의 儒教』, 세종대왕기념사업회, 1976.

유인희, 『朱子哲學과 中國哲學』, 汎學社, 1980.

유정동, 『東洋哲學의 基礎的 研究』, 성균관대출판부, 1986.

유초하, 『한국사상의 인식』, 한길사, 1994.

윤사순, 『한국의 사상』, 열음사, 1984.

윤사순, 『한국의 성리학과 실학』, 열음사, 1986.

이기동 譯解, 『大學·中庸 講說』, 成均館大出版部, 1991.

이병도 外 『晦齋 李彦迪의 哲學思想』, 박영사, 2000.

이원균, 『晦齋先生의 生涯와 學問』, 洗心會, 1966.

이종호, 『회재 이언적』, 일지사, 2001.

장도규, 『晦齋 李彦迪 文學硏究』, 國學資料院, 1999.

정대환, 『朝鮮朝 性理學 硏究』, 강원대출판부, 1992.

조남국, 『韓國思想과 現代思想』, 敎育科學社, 1991.

최근덕, 『韓國儒學思想硏究』, 철학과 현실사, 1992.

최영성, 『韓國儒學思想史』Ⅰ·Ⅱ·Ⅲ·Ⅳ, 아세아문화사, 1995.

한형조, 『주희에서 정약용으로』, 세계사, 1996.

◇ 外國書籍

甲　凱, 『宋明心學評述』, 臺灣商務印書館, 民國70年.

姜廣輝, 『理學與中國文化』, 上海人民出版社, 1994.

羅　光, 『中國哲學思想史』, 宋代篇(上下2冊), 學生書局, 民國73年.

勞思光, 『中國哲學史』(全3卷4冊), 三民書局, 民國70年

　　　　唐君毅, 『中國哲學原論: 導論篇』, 臺灣 學生書局, 民國 67年.

唐君毅, 『中國哲學原論: 原道編』, 臺灣 學生書局, 民國75年.

牟宗三, 『心體與性論』(全3卷), 正中書局, 民國68年.

范壽康, 『朱子及其哲學』, 臺灣 開明書店, 民國65年.

徐復觀, 『中國人性論史』(先秦篇), 臺灣 商務印書館, 民國58年.

石　訓 外, 『中國宋代哲學』, 河南人民出版社, 1992.

吳乃恭, 『宋明理學』, 吉林文史出版社, 1994.

王瑞明, 『宋儒風案』, 岳麓書社, 1997.

王雲五, 『先秦儒學思想』, 台北商務印書館, 民國59年.

友技龍太郎, 『朱子의 思想形成』, 東京 春秋社, 1969.

李澤厚, 『中國古代思想史論』, 北京 人民出版社, 1986.

任繼愈, 『中國哲學史』(全4卷), 人民出版社, 1992.

張立文, 『朱熹思想硏究』, 中國社會科學出版社, 1982.

赤塚忠, 『大學·中庸』(新釋漢文大系2), 東京 明治書房, 1974.

錢 穆, 『朱子新學案』(全5冊), 三民書局, 民國60年.

錢 穆, 『中國思想史』, 中華文化出版事業委員會, 民國43年.

諸橋轍次, 『經學硏究序說』, 諸橋轍次 著作集 第2卷, 東京大修書店, 1976.

趙澤厚, 『大學硏究』, 臺灣中華書局, 民國61年.

佐野公治, 『四書學史の硏究』, 東京創文社, 昭和63年.

陳 來, 『朱熹哲學硏究』, 中國社會科學出版社, 1988.

陳 來, 『宋明理學』, 遼寧敎育出版社, 1992.

蔡仁厚, 『宋明理學: 南宋篇』, 臺灣 學生書局, 民國69年.

馮友蘭, 『中國哲學史』上册, 臺灣商務印書館, 民國70年.

皮錫瑞, 『經學歷史』, 漢京文化事業有限公司, 民國72年.

胡志奎, 『學庸辨證』, 聯經出版事業公司, 民國73年.

◇ 飜譯書籍

『國譯 晦齋全書』, 默民記念事業會 編, 默民記念事業會, 1991.

『大學』, 김학주 譯註, 서울대학교출판부, 1995.

『大學 大學或問 大學講語』, 박완식 편저, 이론과 실천, 1993.

『大學哲學』(원제 『大學義理疏解』), 岑溢成 著/황갑연 譯), 서광사, 2000.

『범주로 보는 주자학』, 大濱晧 著/이형성 옮김, 예원서원, 1997.

『北溪字義』, 陳淳 著/김영민 譯, 예문서원, 1993.

『새 시대를 위한 大學·中庸』, 서정기 譯註, 집문당, 1995.

『亞山의 大學講義』, 김병호 강의·김진규 구성, 소강, 1996.

『인간 주자』, 三浦國雄 著/김영식·이승연 옮김, 창작과 비평사, 1996.

『朱門旨訣』（우계학보　16호），成渾　編著/성백효　譯，전통문화연구회，
　　　1991.
『朱子(近思錄)　王陽明(傳習錄』（中國思想大系8）김학주　譯，大洋書籍，
　　　1972.
『朱子行狀』，黃幹　著/강호석　譯，을유문화사，1988.
『中國思想史』，金谷治　外/조성을　옮김，이론과　실천，1994.
『中國哲學史』，狩野直喜　著/오이환　譯，을유문화사，1989.
『풀어 쓴 고전 經學槪說』，하경용　著 / 장영백　외 譯，청아출판사，1992.

◈ 論文類

◇　一般論文

고영진: 16세기 湖南士林의 활동과 학문(『남명학연구』제3집, 1993)
금종문: 晦齋先生의 政治思想硏究(『韓國의 哲學』경북대 퇴계학연구소,
　　　1998)
김교빈: 晦齋哲學의 特性에 관하여 ―『大學章句』의 改訂을 중심으로―
　　　(『晦齋 李彦迪의 哲學과 政治思想』默民記念事業會, 博英社, 2000)
김길환: 李彦迪의 心學觀과 太極觀(『朝鮮儒學思想硏究』, 一志社, 1980)
김문식: 正祖의 帝王學의 『大學類義』의 편찬(『奎章閣』21, 서울대 규장
　　　각, 1998)
김용걸: 朱子에 있어 心의 本質과 修養論(서울대 『중국학보』17, 1976)
김종국: 李晦齋의 無極太極論에 대한 考察(『동양철학』, 성균관대, 1963)
김태영: 初期 士林派의 性格에 대하여(『慶熙史學』6·7·8, 1980)
김항수: 16세기 經書 諺解의 思想史的 考察(『奎章閣』10, 1987)
김항수: 16세기 士林의 性理學 硏究(『韓國史論』7, 1981)

김항수: 조선전기의 성리학(『한국사』8, 한길사, 1994)

문철영: 朝鮮初期의 新儒學 受用과 그 性格(『한국학보』36, 1984)

송석준: 王陽明의 世界觀과 實踐情神(성균관대 대동문화연구원 『大東文化研究』 第31輯, 1996)

송재운: 性卽理와 心卽理의 比較攷(『동서철학의 만남』정종박사 정년기념 논문집, 형설출판사, 1982)

송찬식: 조선조 士林政治의 勸力構造(『經濟史學』12, 1978)

서경요: 韓國經學의 圖說的 辨說(『제5회 東洋學 國際學術會議 論文集』, 성균관대 대동문화연구원, 1995)

설석규: 조선시대 儒生의 文廟從祀運動과 그 性格(『朝鮮史研究』3, 북현 조선사연구회, 1994)

성낙훈: 朝鮮時代 性理學의 發展(『全北大學』, 전북대 사학회, 淸軒 金相五 敎授 華甲記念論叢)

심우섭: 中庸思想에 關한 研究(東國大學校 大學院 博士學位論文, 1981)

안은수: 朱熹의 『大學』理解(『東洋哲學研究』15집, 동양철학연구회, 1994)

안종수: 宋明 新儒學의 객관적 인식론(대한철학회 『철학연구』제49집, 1992)

양대연: 大學體系의 研究(上, 下)(성균관대 『논문집』10·12집, 1965·1967)

오종일: 性理學 形成의 淵源에 대한 고찰(유교학회『유교사상연구』제4·5집, 1992)

유명종: 李晦齋의 哲學思想(『韓國哲學研究』中卷, 韓國哲學會, 1977)

유인희: 程朱의 人性論(『東洋哲學의 本體論과 人性論』, 東洋哲學研究會, 1982)

유정동: 李晦齋와 曺忘機堂의 '無極而太極'에 관한 논변(『晦齋 李彦迪의 哲學과 政治思想』默民記念事業會, 博英社, 2000)

윤사순: 朝鮮前期 性理學의 機能(『民族文化研究』제9집, 고대민족문화연구소, 1975)

윤사순: 晦齋의 仁사상(『晦齋의 사상과 세계』, 성균관대대동문화연구원, 1992)

이기동: 韓國 性理學에 있어서의 理氣論의 受用과 展開(『동방철학연구』, 1992)

이동희: 朱子의 大學章句에 대한 연구(『東洋哲學硏究』 제2집, 동양철학연구회, 1981)

이동희: 晦齋 李彦迪의 經學思想(『朝鮮朝 儒學思想의 探究』, 1988)

이병주: 李晦齋와 그 學問(『震檀學報』제6집, 진단학회, 1936)

이상은: 晦齋先生의 哲學思想(『國譯晦齋全書』, 默民回甲記念事業會, 1974)

이수환: 회재 이언적과 옥산서원(『경주사학』16, 경주사학회, 1997)

이우성: 李晦齋 先生의 歷史的 位置와 그 經世思想(『晦齋全書 解題』, 成均館大 大東文化硏究院, 1973)

이완재: 晦齋의 曺忘機堂과의 太極論辨에 關하여(『大邱史學』12·13집, 大邱史學會, 1977)

이원균: 晦齋 李彦迪의 經世思想과 時務論(『又軒 丁仲煥博士還曆記念論文集』, 1974)

이원균: 李晦齋의 中庸九經衍義에 대하여(『부산수산대학논문집』제16집, 1976)

이지경: 16세기 사림파 정치사상연구 ― 회재 이언적을 중심으로 ― (『사회과학연구』8, 서원대 사회과학연구소, 1995)

이지형: 회재의 경학사상 ―「대학장구보유」「중용구경연의」를 중심으로― (『晦齋의 사상과 세계』, 성균관대대동문화연구원, 1992)

이태진: 16세기 士林의 歷史的 性格(『대동문화연구』13, 성균관대, 1979)

이태진: 朝鮮王朝의 儒敎政治와 王權(『韓國史論』23, 1990)

이태진: 晦齋 李彦迪의 聖學과 仕宦(『韓國思想史學』창간호, 1987)

정병석: 宋明儒學의 근본문제(계명대 중국학연구소 『중국학지』제7집, 1991)

조남국: 李晦齋의 儒敎政治論(『晦齋 李彦迪의 哲學과 政治思想』 默民

記念事業會, 博英社, 2000)

지두환: 朝鮮 前期 『大學衍義』 이해과정(『태동고전연구』제10집, 태동고
　　　　전연구소, 1993)

최석기: 晦齋의 大學章句 改訂과 後代의 論辨(『정신문화연구』21권 2호
　　　　[통권91호], 한국정신문화연구원, 1998)

황의동: 회재철학사상의 연구 ―理와 실학관을 중심으로― (『인문과
　　　　학논총』9, 청주대인문과학연구소, 1990)

황의동: 회재철학의 근본문제(『동서철학연구』7, 동서철학회, 1990)

허남진: 朝鮮前期의 性理學 研究 ― 변천과 역사적 기능을 중심으로―
　　　　(『國史館論叢』26, 1991)

후진평: 16세기 中國思想史에 있어서의 朱子學(『남명학연구』8집, 경상
　　　　대남명학연구소, 1998)

　　　◇ 學位論文

김도기 : 조선조 儒學에 있어서 認識理論에 대한 研究 ―大學의 格物
　　　　致知를 중심으로―(성균관대 대학원 학위논문, 1985)

김홍경: 조선 초기 유학사상에 관한 연구(성균관대 대학원 학위논문,
　　　　1992)

서경요: 韓國 儒學思想의 特性에 관한 研究(성균관대 대학원 학위논문,
　　　　1987)

안병걸: 17世紀 朝鮮朝 儒學의 經典解釋에 관한 研究(성균관대 대학원
　　　　학위논문, 1991)

양희룡:『大學』의 本義에 관한 연구(성신여대 대학원 학위논문, 1998)

오병무: 韓國性理哲學의 特性에 關한 研究 ―源流와 理氣의 構造를 중
　　　　심으로―(전북대 대학원 학위논문, 1992)

윤정분 : 大學衍義補 研究 ―15세기 中國 經世思想의 한 분석―(연세
　　　　대 대학원 학위논문, 1992)

이동희: 朱子學의 哲學的 特性과 그 展開樣相에 관한 연구 ―退·栗 思想 형성과 관련하여 ― (성균관대 대학원 학위논문, 1990)

이영호: 17世紀 朝鮮 學者들의 『大學』에 관한 研究(성균관대 대학원 학위논문, 1990)

이택희: 朝鮮朝 性理學의 政治的 具現過程(성균관대 대학원 학위논문, 1986)

조명휘: 中庸思想研究(동국대 대학원 학위논문, 1991)

주웅영: 麗末鮮初의 社會構造와 儒敎의 社會的 機能(경북대 대학원 학위논문, 1993)

전호근: 16世紀 朝鮮性理學의 特徵에 관한 研究 ―退·高·栗·牛 論辯을 中心으로 ―(성균관대 대학원 학위논문, 1996)

정대환: 16世紀 前半期 韓國 性理學의 天人觀(고려대 대학원 학위논문, 1990)

최연식: 麗末鮮初 性理學的 政治談論의 形成과 分化에 관한 研究(연세대 대학원 학위논문, 1991)

晦齋先生年譜

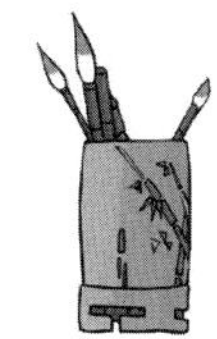

1491(成宗 22年 辛亥)

　11월 25일, 戊戌 子時에 贈左贊成 諱 蕃의 第一子로 慶州府 良佐村 本第에서 誕生하다.

1500(燕山君 6年 庚申) 10歲

　2월 14일, 先府君 贊成公의 喪을 당하다.

1502(燕山君 8年 辛酉) 12歲

　2월, 服을 마치고 外叔 右參贊 孫公 仲暾에게 從學하다. 당시 孫公은 梁山·金海·尙州 等地의 外任으로 있었기에 先生께서는 幼年에 慈親의 膝下를 떠나 孫公의 任所를 따라 다니며 修學하다. 이때부터 力學하다.

1504(燕山君 10年 甲子) 14歲

　聖賢의 學問에 더욱 뜻을 분발하다. 항상 山寺에 머무르며 공부하다.

1508(中宗 3年 戊辰) 18歲

　夫人 朴氏를 맞이하다.

1511(中宗 6年 辛未) 21歲

　≪問津賦≫를 짓다.

1513(中宗 8年 癸酉) 23歲

　生員試에 入格하다. ≪鞭賈賦≫≪利口覆邦家賦≫ 등을 짓다.

1514(中宗 9年 甲戌) 24歲

別試에 及第하다. 당시 試官이었던 慕齋 金安國은 先生의 策文을 보고 "王佐才"라고 감탄했다. 權知校書館副正字에 임명되다. ≪西征詩≫135韻을 짓다.

1515(中宗 10年 己亥) 25歲

慶州 州學教官에 임명되다.

1517(中宗 12年 丁丑) 27歲

元日에 五箴을 지어 自警하다. 五箴은 ≪畏天箴≫·≪養心箴≫·≪敬身箴≫·≪改過箴≫·≪篤志箴≫이다. 忘齋(孫叔暾)과 忘機堂(曹漢補)의 無極太極說을 批判하다. 7월에 內任으로 들어가 副正字가 되고, 10월에 正字에 오르다.

1518(中宗 13年 戊寅) 28歲

忘機堂書에 答하는 14篇의 글을 쓰다. 앞의 無極太極說 批判과 함께 이 忘機堂書에 대한 答書에 先生 學問의 蘊奧가 闡明되었고, 後日 退溪先生의 學問을 先導해준 意義를 지니고 있다. 5월에 著作에 오르다. 12월 丁丑에 王考 判書公(諱 壽會)의 喪을 당하다.

1520(中宗 15年 庚辰) 30歲

12월 服을 마치다. 陰夕에 ≪立箴≫을 짓다.

1521(中宗 16年 辛巳) 31歲

4월에 三聖庵에 居하다. 8월에 傳士에 오르다. ≪西征吟≫ 20絶을 짓다. 얼마 안 있어 弘文館博士 兼 經筵可 經·春秋館記事官에 選任되다. 王命으로 先生의 諱에 「彦」字을 더하다. ≪伊尹五就湯論≫을 짓다.

1522(中宗 17年 壬午) 32歲

2월에 世子(仁宗) 侍講沉說書에 임명되다. 箚子를 올려 世子를 轉養하는 道를 論하다.

1523(中宗 18年 癸未) 33歲

城均館典籍으로 遞任되다. 4월에 兵曹佐郎에 임명되다. 12월에 史

曹佐郎에 임명되다.

1524(中宗 19年 甲申) 34歲

6월에 大夫人 奉養을 위해 外任을 빌려 仁同縣監이 되고 春秋館 記事官을 兼하다.

1526(中宗 21年 乙酉) 36歲

7월에 可憲府持平으로 召還되다. 8월에 兵曹正郎으로서 慶尙道 御使에 임명되다. 10월에 史曹正郎에 임명되다.

1527(中宗 22年 丁亥) 37歲

7월에 侍講阮文學에 임명되다. 8월에 可憲府掌令 兼 承文院校勘에 임명되다. 당시 李沆이 臺諫들이 趙光祖의 餘習이 있으니 이를 禁해야 한다고 論하매 先生께서 箚子를 올려 그 그릇됨을 極言하다.

1528(中宗 23年 戊子) 38歲

2월에 奉常寺僉正으로서 內資寺副正에 오르다. 6월에 成均館可成에 임명되다. 8월에 慶尙道御使에 선임되다. 12월에 大夫人 奉養을 빌려 密陽府使에 임명되다.

1529(中宗 24年 己丑) 39歲

外叔 右贊參 孫公 沒하다.

1530(中宗 25年 寅庚) 40歲

11월에 召還되어 可諫院可諫이 되다.

1531(中宗 26年 辛卯) 41歲

正月에 金安老의 起用을 反對하시다가 成均館可藝로 左遷되고 얼마 안 있어 그 一黨에게 彈劾을 입고 罷職되어 田里로 돌아가다.

1532(中宗 27年 壬辰) 42歲

紫玉山 谿谷에 獨樂堂을 卜築하다.

15379(中宗 32年 丁酉) 47歲

11월에 金安老가 敗死되자, 中宗은 가장 먼저 先生의 再登用을 命하여 掌樂院僉正에 임명, 宗簿寺僉正을 거쳐 弘文館副校理・知製教 兼 經筵侍讀官 春秋館記注官에 임명되다. 校理로 轉任되다. 12

월에 弘文館應敎 知製敎 兼 經筵侍講官 春秋館編修官에 옮겨지다.

1538(中宗 33年 戊戌) 48歲

2월에 議政府檢詳에 임명되다. 3월에 淸白史로 加資되고 左舍人으로 擢用되었다가 얼마 안 있어 軍器寺正으로 임명되다. 5월에 弘文館直提學 知製敎 兼 經筵侍講官 春秋館編修官에 옮겨지다. 陞秩되어 兵曹參知가 되었다가 10일에 大夫人 奉養을 빌려 全州府尹으로 나가다.

1539(中宗 34年 己亥) 49歲

全州府境이 크게 다스려지고 백성들이 頌德碑를 세우다. 10월에 應旨 上疏하니 이것이 곧 數千言의 ≪一綱十目疏≫이다. 中宗은 "옛날의 眞德秀도 이에 능가하지 못할 것이다!"라고 贊嘆하고 表裏衣 一襲을 下賜하며 이어 嘉善大夫에 特陞을 命하고, 敎諭를 내려 褒彰하였는데, 11월에 箋을 올려 간곡히 사양하였으나 允許하지 않았다. 12월 9일에 兵曹參判 兼 世子右副賓客에 임명, 急히 召還하라는 下敎가 있어 先生은 곧 赴闕하다.

1540(中宗 35年 庚子) 50歲

4월에 禮曹參判에 임명되다. 11월에 成均館大可成에 임명되다. 6월에 可憲府大可憲에 임명되다.

1541(中宗 36年 辛丑) 51歲

3월에 左副賓客에 오르고, 다시 弘文館副提學 知製敎 兼 經筵參贊官 春秋館修撰官에 임명되다. 上疏하여 聖學本末과 時政得失을 極陳하다. 6월에 더위를 잡수시고 狀을 올려 辭任하였으나 敎諭를 내려 허락하지 않다. 7월에 大夫人 奉養을 위해 돌아가기를 빌었으나 允許하지 않다. 다시 外任을 빌려 金海府使에 임명되었으나, 臺諫이 挽留하다. 9월에 漢城府判尹에 오르자 三辭하여도 允許하지 않다. 얼마 안 있어 正憲大夫에 오르고 議政府右贊參 兼 同知成均館事에 임명되자 再辭하여도 允許하지 않고, 母夫人을 서울로 모셔 오라고 命하다.

1542(中宗 37年 壬寅) 52歲

正月에 史曹判書에 임명되다. 4월에 知中樞府史로 遞任되다. 재차 陳請하여 大夫人 奉養을 빌었으나 허락하지 않다. 5월에 議政府右 參贊에 임명되었으나 사양하다. 8월에 可憲府大可憲에 임명되다. 箚子를 올려「至誠格天」의 道를 陳述하다. 9월에 刑曹判書에 임명 되었으나 또 사양하다. 10월에 禮曹判書에 임명되었으나 또 사양 하다. 11월에 議政府左參贊에 임명되고, 12월에 詣闕하여 다시 陳 情하여 朝廷에서 물러날 것을 간곡히 빌매 부득이하여 安東府使 에 임명하다. 發行에 즈음하여 東宮(仁宗)께 獻規하다. 얼마 뒤 諫官의 挽留가 있다.

1543(中宗 38年 癸卯) 53歲

正月에 弘文館提學 同知成均館事를 兼하다. 3월에 大夫人의 病患 으로 辭任하였으나 4월에 敎諭를 내려 允許하지 않다. 조정에서는 이어 慶尙監司에게 命하여 敦諭케 하고 아울러 母夫人께 食物을 보내게 하였다. 先生께서는 하는 수 없이 王命을 좇아 上京하였으 나 도중에 病患으로 聞慶에 머무르며 狀啓를 올려 辭任하다. 中宗 은 또 下敎하여 겨를을 주고, 다시 忠淸·慶尙 兩監可에게 下敎하 여 病患을 구완케 하다. 病患이 좀 차도가 있자 詣闕하여 謝恩箋 을 올리고는 外任을 더욱 힘써 請하다. 7월에 慶尙道觀察使에 임 명되다.

1544(中宗 39年 甲辰) 54歲

봄에 圭庵壽와 白場寺에서 會合하다. 4월에 病患으로 辭任하다. 7 월에 漢城府判尹 兼 世子左副賓客에 임명, 召還하였으나 또 사양 하다. 病患이 조금 治愈되어 發行하려던 차에 다시 甚해져 狀啓를 올려 辭任하다. 9월에 또 召還하였으나 또 辭任하고, 11월에 또 辭任하다. 中宗 昇遐하고 仁宗 卽位하다. 미처 赴任하지 못해 憂 慟으로 病患이 더욱 甚해져 狀啓를 올려 待罪하다. 그러나 下書하 여 慰諭하고 監司에게 命하여 특별히 救療케 하다.

1545(仁宗 元年 乙己) 55歲

　　正月에 狀啓를 올려 待罪하다. 下敎하여 召還했으나 病患으로 사양하다. 얼마 안 있어 특별히 議政府右贊成으로 召還했으나 다시 사양하다. 특별히 敎諭를 내리고 樂餌를 하사하며 이어 醫貝을 파견하여 樂을 가져와 救療하다. 閏正月에 議政府左贊成으로 임명하다. 2월에 病軀를 이끌고 中宗大王의 山陵에 참여하려 發行하였으나 永川에 이르러 病患이 심해져 더 가지 못하다. 3월에 잇달아 사직의 글을 올리다. 초여름이 되자 병환이 조금 차도가 있고 이어 快癒되자 조정으로 나아가 知經筵 春秋館事를 兼하다. 7월에 仁宗 昇遐하고 明宗 卽位하다. 先生께서 垂簾聽政의 논의를 결단하다. 당면한 문제에 관해 10條의 건의를 書啓하다. 8월에 不得已 判義禁府事를 兼하고 忠順堂 引見에 참여하다. 당시 尹 元衡과 李芑一派는 士林을 뒤엎을 陰謀를 進行하고 있었는데 先生은 極熱한 對抗의 方法으로는 오히려 결과적으로 士林에 더 큰 被害를 招來할 것 같다는 情狀 判斷에서 온건한 方法으로 陰으로 士林을 救하려는 衷情에서 判義禁府事의 職과 忠順堂 引見에의 참여라는 괴로운 處地를 부득이 받아드렸고, 이로 해서 先生의 衷情을 이해 못한 一部 士林의 誤解도 또한 不可避했다. 이윽고 衛社功臣에 錄해지고 驪城君에 封해졌으나 先生은 "비단 當世 사람들에게 譏諷을 받을 뿐만 아니라 萬世에 웃음거리를 남길 것이다."라는 內容의 箋文을 올려 極力 사양하였다. 그리고 箚子를 올려 讒邪를 믿고 戚屬을 偏愛하는 禍를 論하다. 12월에 辭職의 글을 올리고 省親하다.

1546(明宗 元年 丙午) 56歲

　　봄에 入京하였다가 3월에 辭職의 뜻을 밝히고 省親하다. 發行하면서 箚子를 올려 「學問을 講하고 道理를 밝히며 賢人을 가까이 하고 邪惡한 道를 멀리하도록」懇乞하다. 鄕里로 돌아온 뒤에도 세 번이나 글을 올려 사직하다. 7월에 判中樞府事로 갈리다. 9월에 드디어 先生의 本意를 看取한 李 芑·尹 元衡들이 啓를 올려 先生의 勳爵을 뺏다.

1547(明宗 2年 丁未) 57歲

閏 9월에 江界府에 安置되다.

1548(明宗 3年 戊甲) 58歲

6월 18일 辛酉에 大夫人 下世하다. 7월에 訃音이 傳해지자 大夫人의 遺衣로 設位하고 朝夕으로 哭하다.

1549(明宗 4年 己酉) 59歲

10월 ≪大學章句補遺≫의 著述을 마치다.

1550(明宗 5年 庚戌) 60歲

8월 ≪奉先雜儀≫의 著述을 마치다. 10월에 ≪求仁錄≫의 著述을 마치다. ≪進修八規≫를 완성하다.

1553(明宗 8年 癸丑) 63歲

≪中庸九經衍義≫를 執筆中 완성치 못하고 11월 23일 乙丑에 病患으로 돌아가다. 12월 12일에 江界에서 運柩를 始作하여 그 다음해(1554) 2월에 鄕里에 도착하다.

1566(明宗 21年 丙寅)

조정에서 復爵하다.

1567(宣祖 卽位年 丁卯)

11월에 下敎하여 先生의 遺著를 搜訪하도록 命하다.

1568(宣祖 元年 戊辰)

2월에 大匡輔國崇祿大夫 議政府領議政 兼 領經筵 弘文館 藝文館 觀象監事에 追贈되다. 이어 夫人께 歲廩을 賜與하도록 命하다. 3월에 禮官을 보내어 致祭하다.

1569(宣祖 2年 己己)

8월에 「文元」이라 贈諡되고, 明宗廟廷에 配享되니, 文은 「道德博聞」, 元은 「主義行德」의 義를 取한 것임.

1572(宣祖 5年 壬申)

　　鄕人들이 玉山 獨樂堂 아래에 書院을 짓다.

1573(宣祖 6年 癸酉)

　　2월 丁卯에 慶州 西岳 鄕賢祠에서 位版을 옮겨 와 書院에 奉安하
다. 12월 3일에 「玉山書院」이라 賜額되다.

1610(光海君 2年 庚戌)

　　8월에 禮官을 보내어 家廟에 致祭하다. 九月 文廟에 從祀되다.

•저자•

조창열
(趙昌烈)

•약　력•

성신여자대학교 대학원 문학박사
敬華 任龍淳 선생님 사사
오성고등학교 교사, 백석대학교 외래교수
천안향토사연구소 연구위원
천안경전성독회 회장
한국한문고전학회 부회장

•주요논저•

「회재의 〈대학주석〉에 관한 연구」
「려말 주자학의 수용과 전개」
「사계 〈대학〉 주석에 관한 연구」
「회재의 〈중용구경연의〉에 관한 고찰」
「주자·회재의 〈대학〉 주석 비교 연구」
『정법한문』
『한문의 이해』
『천안을 노래한 한시』
『천안의 누정기와 한시』
외 다수

회재 이언적의 경학사상

• 초판 인쇄	2008년 2월 28일
• 초판 발행	2008년 2월 28일
• 지 은 이	조창열
• 펴 낸 이	채종준
• 펴 낸 곳	한국학술정보㈜ 경기도 파주시 교하읍 문발리 513-5 파주출판문화정보산업단지 전화　031) 908-3181(대표)·팩스　031) 908-3189 홈페이지　http://www.kstudy.com e-mail(출판사업부)　publish@kstudy.com
• 등　　록	제일산-115호(2000. 6. 19.)
• 가　　격	21,000원

ISBN　978-89-534-8179-4 93140 (Paper Book)
　　　　978-89-534-8180-0 98140 (e-Book)